珍藏本
纪念版

汉译世界学术名著丛书

布朗基文选

皇甫庆莲 译

许渊冲 校

商務印書館
SINCE 1897 The Commercial Press

2017年·北京

Auguste Blanqui

TEXSTES CHOISIS

Éditions Sociales

Paris 1955

布 朗 基

汉译世界学术名著丛书
（120年纪念版·珍藏本）
出版说明

2017年2月11日，商务印书馆迎来120岁的生日。120年前，商务印书馆前贤怀揣文化救国的理想，抱持“昌明教育，开启民智”的使命，立足本土，放眼寰宇，以出版为津梁，沟通中西，为中国、为世界提供最富智慧的思想文化成果。无论世事白云苍狗，潮流左右激荡，甚至战火硝烟弥漫，始终践行学术报国之志，无改初心。

迻译世界各国学术名著，即其一端。早在20世纪初年便出版《原富》《天演论》等影响至今的代表性著作，1950年代后更致力于外国哲学和社会科学经典的译介，及至1980年代，辑为“汉译世界学术名著丛书”，汇涓为流，蔚为大观。丛书自1981年开始出版，历时三十余年，迄今已推出七百种，是我国现代出版史上规模最大、最为重要的学术翻译工程。

丛书所选之书，立场观点不囿于一派，学科领域不限于一门，皆为文明开启以来，各时代、各国家、各民族的思想与文化精粹，代表着人类已经到达过的精神境界。丛书系统译介世界学术经典，引领时代思想，为本土原创学术的发展提供丰富的文化滋养，为推动中国现代学术和现代化进程做出了突出的贡献。

为纪念商务印书馆成立120周年，我们整体推出“汉译世界学术名著丛书”120年纪念版的珍藏本，寄望既利于文化积累，又便于研读查考，同时向长期支持丛书出版的译者、编者和读者致以敬意。

两甲子后的今天，商务印书馆又站在了一个新的历史时间节点上。我们不仅要铭记先辈的身影和足迹，更须让我们的步伐充满新的时代精神。这是商务人代代相传的事业，更是与国家和民族的命运始终紧密相连的事业。我们责无旁贷，必须做好我们这代人的传承与创造，让我们的努力和成果不仅凝聚成民族文化的记忆，还能成为后来人可以接续的事业。唯此，才能不负前贤，无愧来者。

商务印书馆编辑部

2017年10月

出版说明

奥古斯特·布朗基(1805—1881 年)是法国近代无产阶级革命运动的著名政治活动家,空想社会主义者,许多秘密团体和密谋活动的组织者。他出身于一个资产阶级官僚家庭。他的父亲多米尼格·布朗基曾是国民公会议员和吉伦特派成员,由于赞同波拿巴政变而被任命为普格德尼的县长。他的母亲索菲·伯利翁费勒积极支持布朗基的革命活动,曾两次帮助她儿子及其朋友策划越狱。布朗基在巴黎上中学时,才十六岁,就参加了秘密革命团体——烧炭党,从事反对波旁王朝的革命活动。在 1830 年的七月革命中,他拿起了枪杆,戴上象征共和的三色帽徽,英勇地同武装的工人站在一起,反对查理十世的军队,并在战斗中负了伤。但这次革命所建立的七月王朝,即路易·菲利浦的资产阶级君主政体的所作所为,使布朗基大失所望。七月革命后,除了改换国王的名字之外,人民仍处于无权的地位,像过去那样一贫如洗;七月王朝还残酷迫害七月革命的起义者,逮捕他们、审判他们,用刺刀和枪弹屠杀手无寸铁的工人。那时,布朗基参加了共和派团体“人民之友社”。在争取实现共和的斗争中,布朗基受到了法国空想社会主义者圣西门、傅立叶学说特别是巴贝夫革命传统的影响,并在 1831 年和 1834 年里昂工人两次起义的直接推动下,努力探索无

产阶级解放的道路，尝试用革命的手段推翻资产阶级的统治，建立革命政权，进而消灭私有制，建立“普遍协作”的公有制。早在1832年1月12日，布朗基在刑事法庭受审时，就以法国三千万无产者代表的身份，深刻地揭露了路易·菲利浦王朝的反人民性质，并响亮地提出，“巴黎工人的每一颗子弹都在围绕世界转动，他们不断地打击敌人，而且继续打击敌人，直到自由和人民幸福的敌人一个不剩为止。”[①]之后，他又明确地提出了要废除私有财产权。[②]说：“共和国就是解放工人、消灭剥削统治，建立把劳动从资本的暴政下解放出来的新秩序。”[③]“革命应该是消灭建立在不平等和剥削基础上的现存秩序，打倒压迫者，把人民从富人的压迫下解放出来。”[④]为此，他先后组织和领导了“家族社”（1835—1836年）、“四季社”[⑤]（1837—1839年）和“中央共和社”（1848年）等无产阶级秘密革命组织，进行过多次的武装起义。如1839年5月布朗基领导“四季社在巴黎举行武装起义”；1870年8月和10月又两次组织巴黎工人起义。由于都是采取密谋策略，得不到人民的支持和响应，均告失败。布朗基也多次被捕，曾两次被判处死刑（后改为无期徒刑）。在他从事革命活动的五十多年中，竟有三十七年是在监狱中度过的。尽管布朗基受到王国政府、共和政府等法国历届反

---

① 见本书第16页。

② 参见本书第36页。

③ 见本书第51页。

④ 见本书第71页。

⑤ 马克思和恩格斯指出：“布朗基用来组织1839年武装起义的四季社已经成为纯无产阶级的组织，在它失败后组织起来的新四季社也是这样。”（见《马克思恩格斯全集》第7卷第319页）

动政府的残酷迫害和折磨，又遭到曾是战友、后是仇敌的巴尔贝斯[①]的恶毒诽谤，但这丝毫没有动摇布朗基坚强的革命意志，更未能迫使他停止战斗。就在六十年代初，当布朗基被关在圣彼拉奇监狱时，由于他那渊博的知识、坚强的性格、对革命事业的无比忠诚和对议会共和党的尖锐批评，他像磁极一样地吸引着同牢的难友。出狱之后，其中有些人就成了他的忠实信徒，从而诞生了布朗基派。在1871年3—5月举世闻名的巴黎公社起义中，布朗基派是公社中的多数派，主要领导军事、镇压反革命等项工作，起着极为重要的作用。布朗基却在巴黎公社起义前一天，在外省不幸被梯也尔反动政府逮捕，监禁在凡尔赛。选举公社委员时，布朗基曾两次缺席当选。公社曾多次向梯也尔政府建议，以大主教、神父等人质交换布朗基，但梯也尔不敢释放布朗基。他说，放走布朗基就是给公社一个首脑；就等于给他们输送一个团。

布朗基自1871年3月被捕后，一直被关在监狱里。1878年1月法国社会主义的《平等报》发动了一个要求释放布朗基的运动，广大群众也纷纷向政府提出抗议（波尔多的人民甚至选举他为议员），终于迫使政府于1879年6月特赦了布朗基。出狱时，布朗基尽管已达七十四岁高龄，且又体弱多病，但他仍以饱满的革命热情投入战斗，他在法国许多地方的工人集会上发表演说，还与他的朋

① 巴尔贝斯曾与布朗基一起，组织和领导了“四季社”的起义，是法国1848年革命的积极活动家。1850年他被捕后关在贝尔岛上的监狱。1854年9月18日他在一封私人信中，表示欢迎对俄国的作战并说“为了文明”而祝愿法军胜利。此信被拿破仑第三截获，遂于10月3日下令释放巴尔贝斯。巴尔贝斯获释后，公开确认写过此信。随后巴尔贝斯就离开法国，不再参加政治活动。所以马克思和恩格斯说，“巴尔贝斯今后不再是法国的一个革命领袖了。”（见《马克思恩格斯全集》第10卷第559页）

友们创办了《既非上帝又非主人》报，并亲自担任主编。1880 年 12 月 27 日晚，布朗基在巴黎的一个工人集会上作了拥护红旗反对三色旗为题的演讲后，回到家里，突然中风，跌倒在地，医治无效，于 1881 年 1 月 1 日不幸逝世，终年七十六岁。1 月 5 日举行葬礼，送葬的人数将近二十万。这充分说明了法国人民对布朗基的尊敬和爱戴。

历史雄辩地证明，布朗基是坚强的无产阶级革命战士，他为无产阶级的解放奋战了一生。伟大革命导师马克思和恩格斯热烈地赞誉他，称他是“捍卫被压迫阶级利益的先进政治战士和作家”①，“无产阶级政党的真正领袖”②，是一个“实干家”③。

布朗基主义是无产阶级的一个重要政派，它的基本特点就是政治上的冒险行动，即主张用极秘密的方法、极严格的纪律将少数知识分子、工人组织起来，举行突然的武装起义，推翻资产阶级政府，建立革命政权，实行少数革命家的专政。显然，这同马克思主义革命斗争的战略和策略是根本不同的，它主要表现在：(1)布朗基同情无产阶级的苦难遭遇，把无产阶级只看做受苦最深的阶级，没有认识到无产阶级是真正革命的阶级，是社会主义社会的创造者，因此布朗基派所主张的革命，不是无产阶级的阶级革命，不是人民的革命，而只是少数革命家的革命；起义成功后的专政，不是整个革命阶级即无产阶级的专政，而是少数革命家的专政。这样的革命，即便胜利了，要保持、巩固和发展胜利也是很困难的，甚至

① 见《马克思恩格斯全集》第 14 卷第 453 页。

② 参见《马克思恩格斯全集》第 8 卷第 128 页。

③ 参见《马克思恩格斯选集》第 2 卷第 588 页。

胜利果实有可能被阴谋家、野心家所攫取。(2)布朗基组织了“家族社”、“四季社”等秘密革命组织,但这些组织还不是用革命理论武装起来的、同无产阶级和广大劳动群众紧密联系的无产阶级的政党,而只是一个脱离群众的革命小团体,因而它在斗争中就必然缺乏广泛的群众基础,缺乏战斗力,不能引导革命取得胜利。(3)布朗基没有提出明确而具体的革命纲领,用以教育群众,认识自己的利益,团结起来,积极参加革命斗争;而是只依靠少数革命家的孤立行动,终于导致革命的失败。(4)列宁对武装起义曾明确地指出:“要举行革命,单是被剥削被压迫群众感到不能照旧生活下去而要求变革,还是不够的;要举行革命,还必须要剥削者也不能照旧生活和统治下去。只有当‘下层’不愿照旧生活而‘上层’也不能照旧生活和统治下去的时候,革命才能获得胜利。”[①]布朗基派的错误就在于,对无产阶级革命成功的主客观条件没有作充分的科学估量,不善于掌握革命的策略,因此尽管他们领导过多次武装起义,英勇地为无产阶级尝试夺取政权,但不是在起义前被敌人破获,就是在起义后由于得不到人民群众的支持,敌我力量过于悬殊,而遭失败。

布朗基在政治经济学方面的建树更少。他的观点深受圣西门和傅立叶的影响,他憎恨资本主义,向往社会主义,但只简单地认为:“社会主义就是革命。革命也就是社会主义。取消社会主义,人民的火焰就熄灭了,沉寂和黑暗就会笼罩整个欧洲”[②]。他对共

① 参见《列宁选集》第4卷第239页。

② 见本书第66页。

产主义的前途也抱有坚定的信念，他说："文明的最高峰必然是共产社会。"[①]他深信社会主义(或共产主义)是一个没有私有制，没有特权，消除了贫困、混乱和内战等各种社会问题的社会，是一个文化极高、完全平等的社会。而"协作是共产主义的未来母亲"。[②]但是他缺乏科学的理论，既不能说明私有制的产生、发展和灭亡的必然性，更不能阐明资本主义制度下雇佣劳动的本质，不能认识资本主义发展的规律，于是，他的社会主义理论就必然陷于空想。他甚至错误地认为，"工业是人为地用资本创造出来的，它好比一只受惊涛骇浪颠簸每时每刻都有沉没危险的船。农业拥有脚下的广阔土地，永远不会沉没。"[③]这都表明布朗基对社会历史问题所持的是非历史的、非科学的观点。

从布朗基只注重个别人物、不注重阶级，以及他对社会历史缺乏科学的了解来看，布朗基的历史观是唯心主义的。这种思想"是和不成熟的资本主义生产状况、不成熟的阶级状况相适应的"[④]，它反映了当时法国手工工人和破产的手工业者、破产的农民渴求从资本的暴政下解放的情绪和愿望：希望革命马上胜利，以求根本改变他们所处的地位。当时法国的经济还相当落后，大工业主要是纺织业，多数的企业是仅雇用几个人的小作坊或个体手工业者，具有相当明显的小生产的特点。这也就是布朗基主义产生的社会根源。

① 见本书第 103 页。

② 见本书第 113 页。

③ 参见本书第 111 页。

④ 参见恩格斯的《反杜林论》第 256 页。

布朗基固然是一个坚强的无产阶级革命家。可是他的靠少数人密谋的革命观却是错误的、有害于革命的。随着无产阶级与资产阶级斗争的深入展开，布朗基主义这类政治上的冒险行动，不是导致革命失败，就是容易被反动阶级利用来破坏革命。因此革命无产阶级在景仰布朗基为革命献身的大无畏精神的同时，必须同布朗基主义划清界限，从中吸取有益的教训。

这个文选分五个部分选编了布朗基的重要文章，还附了一个传略，简要地介绍了布朗基的生平，相当集中地反映了布朗基的基本思想观点，这对我们了解和研究布朗基本人的历史及其主义，有一定的价值，特翻译出版，供研究者参考。

1979 年 7 月

目　　录

一、1848年革命前的布朗基

（一）十五人案件·[①]公民路易·奥古斯特·布朗基在刑事法庭上的答辩（1832年1月12日）

陪审员先生们：

我受到控告是因为我曾向法国三千万和我一样的无产者说，他们有生活的权利。如果这是一个罪行的话，那么，至少我认为我只应该对那些绝不是这一案件的审判官和当事者的人负责。然而先生们，请你们注意，检察机关并不是诉诸你们的理智和正义感，而是你们的感情和利益；它并不要求你们严惩一个违反道德和法律的行为；它只力图激起你们的仇恨来反对被它说成是威胁你们生命财产的事情。因此，我不是站在审判官面前，而是站在敌人面前；所以我今后进行辩护是完全无用的。我听凭你们给我宣布什么罪状，但与此同时，我强烈抗议这种以暴力代替正义的行为，而那伸张正义的事留待以后再说。可是，如果我这样一个被剥夺一

---

① 选自《十五人案件》，1832年巴黎版。

审判"人民之友社"十五个领导人[拉斯拜、日韦(Gervais)、特雷拉(Trélar)、布朗基、杜雷、于贝、德洛耐(Delaunay)等人]的借口是他们在《告人民》文集中发表了一系列宣扬共和主义思想和大肆攻击路易·菲利浦政府的文章。参阅本书《布朗基传略》。

切公民权的无产者，有责任否认与我不同阶级的特权者出席的法庭的审判权的话，那么我相信你们都有颗相当高尚的心，可以说使你们在人们把解除了武装的敌手交给你们宰割的情况下，恰当地来评价荣誉迫使你们扮演的角色。至于我们的角色，那是早就确定好了的：只有原告的角色才是唯一适合被压迫者的角色。

因为，不应该想象一些偶然靠欺骗和舞弊的方法暂时掌权的人能够随心所欲地对爱国者进行审判，能够用法律来迫使我们请求饶恕我们的爱国行为。不要以为我们到这里来是为了对强加在我们头上的罪名进行辩解的！远远不是这样，我们以受到控告为荣，我们就是在我们引以为荣的被告席上控诉那些摧毁和侮辱了法国的家伙，直至在这个法庭内为之设置的对立面席位恢复它们的正常作用，原告和被告各就其位时为止。

我要说明的是，为什么我们写过被国王的仆从们诬蔑为犯罪的文章，以及为什么我们今后还要继续写这类文章。

可以说检察机关给你们描绘了一幅想象中的、未来的、奴隶叛乱的前景，其目的在于以恐惧激起你们的仇恨。它说："你们看，这是穷人反对富人的战争；全体有产者都应该关心击退穷人的进攻。我们把你们的敌人带到你们面前，趁着他们还没有变得更加可怕之前打垮他们吧。"

是的，先生们，这是富人与穷人之间的战争：富人渴望这种战争，因为他们是侵略者。但是他们认为穷人进行抵抗是可恶的；在谈到人民时，他们高兴地说："这只野兽如此凶猛，人们打他，他居然还要自卫呢。"起诉检察官先生带讽刺的、激烈的、控告词可以全部概括在这句话里。

人们不断地谴责无产者像盗贼一样准备夺取财产；为什么呢？这是因为无产者抱怨为了特权阶级的利益而受捐税的压榨。至于依靠榨取无产者的血汗过奢侈生活的特权分子，他们却认为是受到贪婪的贱民抢劫、威胁的财产合法所有者。刽子手装出受害者的姿态已不是第一次了。那么，究竟谁是应该受咒骂和惩罚的盗贼呢？那就是交付十五亿法郎给国库，交付差不多相同的数目给特权分子的三千万法国人。而整个社会应该全力保护的财产所有者，就是那二三十万安稳地吞噬着盗贼们缴付的十几亿法郎的游手好闲之徒。在我看来，这是在新的形势下和在新的对手之间进行的封建贵族和被他们拦路抢劫的商人之间的战争。

事实上，今天政府的基础就是不公平地分配负担和收益。复辟王朝在外国人的庇护之下，于 1814 年确立了这个不平等的分配原则，其目的是使极少数人靠掠夺国家财富而大发横财。十万个资产阶级分子组成了所谓的民主因素，这是多么尖刻的讽刺！上帝啊，其他分子怎样呢？保尔-路易·库利埃[①]（Paul-LouisCourier）已使代议制的闷锅[②]遗臭万年了；这台抽压机压榨人民的血汗，榨取亿万法郎，使之不断流进游手好闲者的钱柜。这台无情的机器一个一个地压碎二千五百万农民和五百万工人，吸出他们最纯洁的鲜血，把它输送到特权分子的血管里去。这台机器的齿轮是

① 保尔-路易·库利埃（1772—1825 年），作家。他不属于任何政党，而以尖锐无情的笔锋和贵族与僧侣反动分子进行战斗。他的杂文对准备 1830 年革命起了重大的作用。他最有名的著作有：《致两院请愿书》（1816 年）；《沙韦尼埃尔葡萄园丁保尔·路易的平凡演说》（1821 年）；《小册子中的讽刺文》（1824 年）。

② 指资产阶级议会。——译者

用一种奇妙的方法装配而成的，它每天每时每刻地都压榨穷人，连他们最简朴的生活必不可少的东西都不放过，对他们的最微薄的收入和最可怜的享受，它都要吸取一半，已经有这么多钱从无产者的口袋里经过国库的无底洞流到富人的口袋里，但特权分子还嫌不够，还要通过管理工商业的法律直接从群众身上榨取更多的钱，而只有特权阶级才拥有制定这些法律的权力。

为了让地主从他们土地上取得高额的地租，对外国小麦征收进口税以致提高面包价格；但是，你们知道，公半斤面包涨落几个生丁关系到成千上万工人的生死问题。这项谷物法尤其打击了南方沿海的居民。为了使某些大制造商和森林主发财致富，政府对德国和瑞典的铁器制品征收了高额进口税，以致农民们本来能够廉价买到最好的工具，却不得不用很高的价格去购买坏工具；外国人反过来也对我们用禁止进口的办法实行报复，他们在自己的市场上排斥法国酒，加上国内征收这种商品的捐税，就使得法国最富裕的地区也变得贫困不堪了，而且扼杀了真正法国本土的葡萄种植业，而葡萄在法国对于土地和小块地的利用都是十分有利的一种自然作物。我就不必谈盐税、彩票税、烟草的专卖了，一言以蔽之，由专卖、禁止进口、关税和物品入市税这样一些苛捐杂税织成的网围困着无产者，束缚着他们的手足，使之日渐萎缩下去。只要谈谈这些捐税总是不分摊给富人而一味强加在穷人头上，或者更确切地说，谈谈游手好闲之徒怎样对广大劳动群众进行卑劣的掠夺也就够了。的确，这种掠夺是不可少的。

为了替王室还债和慰劳王室坐享国家幸福作出崇高的牺牲，难道不应该支付一笔巨额的王室经费吗？既然有继承权的波旁后

裔所主张的主要理由之一是家族人口众多，那么，国家做事就不要悭吝，不要拒绝王子的采邑、公主的嫁妆。还有这支高薪闲职人员、外交官和官僚大军，法国为了自己的幸福应该给予他们以厚禄，以便使享有特权的资产阶级过他们更奢侈的生活，因为所有这些从预算中领取薪俸的人的钱财都花在城市中，一文钱也不应该还给农民，而何况十五亿法郎中的六分之五是农民交纳的。

难道亦不需要这位新的金融巨头，这个十九世纪的吉尔·布拉(Gil Blas)①，所有内阁的辩护者和吹捧者，奥利瓦勒斯伯爵(comte d'Olivarès)和勒尔麦公爵(duc de Lerme)身边的红人，来出卖高官要职以换取巨额现金吗？给代议制机器的齿轮加上润滑油，使子侄、表兄弟、表姊妹都分享到利益，这是十分必要的。廷臣、交际花、阴谋家，在证券交易所把国家的荣誉和命运标价出卖的赌棍、媒婆、情妇、承办商、警界的下流作家，这些在波兰沦亡问题上进行投机取巧的人，所有这些宫廷和沙龙的寄生虫，难道不应该使他们的腰包塞满金子吗？难道不应该使这堆有效地影响舆论的粪土发酵吗？这就是被能说善辩的内阁阁员们说成是社会组织制度的杰作的政府，这就是被他们说成是开天辟地以来各种行政机构中一切最好的，完善的事物的精华的政府；这就是他们所吹嘘的，好得不能再好的，人类最完美的政府！这真是把贪污腐化的理论发展到了登峰造极的地步。在现行的制度下，智慧受到奴役，这种情况有力地证明了这种制度建立起来只是为了富人剥削穷人，

① 勒萨奇(Lesage，1715—1736 年)的小说《吉尔·布拉小史》中的主人公。书中描绘吉尔·布拉是一个多才善辩的青年，靠投机和冒险为生。——译者

只是为了不体面地、粗暴地满足富人的物质利益。事实上智慧是道德的保证，如果无意中把道德带入这种制度的话，它就必然成为破坏这种制度的力量。

先生们，我要问一问，那些善良而有识之士被卑鄙的金钱贵族抛入贱民的行列之中，他们怎能对这种无情的侮辱不深感痛恨呢？他们怎能对他们国家所蒙受的耻辱，对他们不幸的无产阶级兄弟的痛苦无动于衷呢？他们的责任，就是唤起群众摧毁贫困和耻辱的枷锁；我已经尽到了这个责任，尽管我身在监狱中。而且我们将不怕任何的敌人而把这个责任尽到底。当我们背后有着为自己的福利和自由而奋斗的伟大人民的时候，我们应该勇敢地跃入面前的壕沟，用自己的身体作为奠基石来填平它，以便给人民开辟一条道路。

政府的机关报一再自满地提到无产阶级有公开申诉的道路，法律向他们提供了为他们谋取利益的合法手段。这是一种讽刺。税收机关就在那里张着大口紧紧跟着他们；为了填满这个永远吃不饱的无底洞，无产者必须劳动，必须白天黑夜地劳动；如果能够有点残羹剩饭给他们的孩子充饥，他们就感到万幸了。人民之所以不在报纸上写文章，不向议院送递请愿书，因为这是白白浪费时间。此外，凡是能在政界引起反响的声音，沙龙里的声音、商店里的声音、咖啡馆里的声音，总之，凡是来自所有那些制造所谓舆论的声音，都是特权阶级的声音，没有一个声音是人民的；人民沉默不言，他们远远离开这些决定着他们命运的高贵地区，浑浑噩噩地生活着。当讲坛和报纸对人民的贫困偶尔流露出几句怜悯话的时候，就有人急忙用保护公共治安的名义，制止他们发表意见，禁止他们提及这些棘手的问题，或者就大喊大叫天下大乱了。如果人们坚持己见，监狱就被用来取缔这些批评政府工作的呼声，而当一切人都沉默不言的时候，他就说："请看，法国是幸福的、歌舞升平的：到处秩序井然！……"

尽管采取了各种防范措施，但是千百万不幸人民的饥饿叫喊还是传到特权阶级的耳边，于是他们就会狂叫起来："必须强制执行法律！一个国家只应该热爱法律！"先生们，照你们的意思，一切法律都是好的吗？难道不曾有过一些使你们感到厌恶的法律吗？你们不承认存在着任何一条可笑的、可恶的或者不道德的法律吗？难道可以用一个抽象的名词来打掩护吗？这个名词适用于混乱不堪的四万条法律上，它既可能指好的法律说的，也可能指坏的法律说的。他们回答说："如果有坏的法律，那么你们可以要求修改法律；但在等待修改的期间，你们要服从法律……"这是一个更加刻薄的讽刺。法律是由十万个选举人制订，由十万个陪审员运用，由十万个城市国民自卫军执行的（因为政府千方百计地设法瓦解和人民较接近的乡村国民自卫军）。然而，这些选举人，这些陪审员，这些国民自卫军，他们都是同一些人兼任不同的职务，他们同时既是议员又是法官和士兵，结果是同一个人在早上当选为议员，也就是说，在早上制定法律，中午作为陪审员运用这条法律，晚上穿上国民自卫军的制服在街上执行法律。三千万无产者在这些演习中作了一些什么呢？他们只是出钱而已。

代议制政体辩护士们的颂扬，主要是以这个制度所奉为神圣的立法、司法、行政的三权分立为依据的。他们认为这奇迹般的三权均衡，解决了长时期以来力图解决的纪律和自由，运动和

安定之间的协调问题，但他们并没有足够的令人赞美的实施方案。事实恰恰是辩护士们所实施的那种代议制，把三权集中在一小撮为了共同利益而结合起来的特权阶级的手里！不正是这种三权的混乱建立了最残酷的暴政，成为他们的辩护士的自供状吗？

结果怎么样呢？无产阶级被排除在议院之外。由政权的垄断者选举出来的议院照旧无动于衷地制定税法、刑法、行政法，所有这些法律同样都是为了达到掠夺的目的。目前，如果人民高喊饥饿，要求特权阶级放弃他们的特权，要求垄断者放弃他们的垄断，要求他们都不要游手好闲，这些人会对人民嗤之以鼻。如果在1789年人们低声下气地恳求贵族放弃他们的封建权利，那么贵族会做什么呢？他们会惩罚这种胆大妄为……现在他们对此采取了不同的手法。

这些没有心肝的贵族中最狡猾的人，感到被剥夺面包的广大群众的绝望对他们是一种威胁，因而建议稍许减轻一点广大群众的贫困，老天在上！这并不是出于人道，而是为了拯救自身免于灭亡。至于政治权利，那就根本谈不上，只能扔一块骨头给无产阶级啃啃。

另外一些有善良意愿的人，认为人民对自由已经厌倦，说人民只要求能够生活下去就行了。我不知道这是对专制政体抱的什么幻想，居然促使他们称赞拿破仑的榜样，说拿破仑善于团结广大群众，用面包来换取他们的自由。的确，这个平等主义的暴君维持了一个相当的时期，特别是因为他会迎合群众要求平等的心情，枪毙了进行盗窃的供应商，这些人在今天只要做了议员就可以不受惩罚了。然而拿破仑到底还是因为扼杀了自由而完蛋。这对那些自称为他的继承者的人应该是一个教训。

不能容许在听到饥饿人民的贫困的呼声时重复罗马帝国时代这句蛮不讲礼的话:给人民面包和戏(Panem et circenses[①])就行了!要知道人民不会乞求施舍了!从筵席桌上丢下一些面包屑来欺骗人民是不解决问题的;人民不需要恩赐,他们要依靠自己来谋求自己的幸福。人民现在要求而且将来也要求制定管理自己的法律:这些法律不再是用来反对人民的,而是维护人民的利益的,因为它们是由人民自己制定的。我们不承认任何人有权可以一时高兴对人民施恩而一不高兴又收回这些恩赐。我们要求三千三百万法兰西人选择他们自己政府的形式,通过普选选出代表来制定法律。这个改革完成之后,损贫利富的捐税会立即被取消,而代之以建立在相反基础上的别的捐税。不应该再向勤劳的无产者收税来交给富人,而是应该征收游手好闲者的多余的钱来分给赤贫大众,使他们不再因为无钱而被迫无所作为。捐税应该打击不从事生产的消费者来丰富生产资源,应该逐渐促使取消公债——这个国家的脓疮;最后应该以国家银行制度来代替万恶的交易所的投机倒把。积极劳动的人将通过国家银行得到资金方面的帮助,到了那时,也只有到了那时,捐税才是一件好事。

先生们,这就是我们所了解的共和国,而不是别的,93 年只是对看门人和玩多米诺骨牌的赌徒有用的稻草人。先生们,请你们

① "Panem et circenses",语出古罗马讽刺诗人尤文那耳(Juvénal,60—140)之口,他曾讽刺罗马人民说,他们纵然征服了世界,所关心的只是施舍和免费看戏。——译者

注意，我故意用了“普选”这个名词来表明我们蔑视某种联盟。我们清楚地知道走投无路的政府会用谎言、诬蔑、无稽之谈、背信弃义的方法来使人重新相信政府长期以来所利用的旧神话，那就是共和党人和正统党徒①之间存在联盟的神话，也就是说，世界上两类最势不两立的人之间存在联盟的神话。这个神话是他们唯一的救命稻草，使他们能重新找到某些支持的有力手段；如果政府能够用法国所憎恶的正统主义来吓唬法国，还能使法国暂时不走自救的本能促使它走共和的道路的话，那么，尽管是最愚蠢的，戏剧性的阴谋活动，最丢人的警察丑剧，在政府看来，都不算是太危险的把戏了。但是他们能使谁相信这种反自然的联盟是可能的呢？正统党徒们的手上难道没有染满我们那些死于复辟王朝断头台上的朋友的鲜血吗？我们还没有忘记我们的殉难者。波旁王朝二十五年来一直在煽动欧洲，今天仍然力图煽动欧洲起来反对的，难道不是以三色旗为代表的革命精神吗？这面旗帜不是你们这些伪装正统的卫道者的旗帜，这是共和国的旗帜。这是我们，共和党人没有你们参加，不顾你们反对在1830年重新竖起的，被你们在1815年烧毁了的那面旗帜。欧洲清楚地知道，当这面旗帜再受到国王攻击的时候，唯有共和的法兰西才会保卫它。如果说什么地方存在自然联盟的话，那就是在你们和正统党徒之间的联盟；这并不是说目前你们双方对同一个人选都认为是合适的，因为他们所需要的人选不在这里；但你们可能不计较你们的人选，从而同正统党徒们

① 这里所指的法国正统派，是查理十世的党徒。由于他们和西班牙正统派唐卡罗(Don Carlos)党徒有相似之处，所以布朗基称他们为正统党徒。

妥协，以便达到你们和他们共同追求的目标，因为你们这样做只不过是要回到你们的老路上去。

事实上，正统党徒一词是没有意义的，在法国只有，也只可能有保王党人和共和党人。这两个主义之间的问题日益清楚了；那些相信第三种主义所谓中庸之道的中间派的老实人慢慢地抛弃了这种中立的谬论，将根据自己的感情和利益站在这面旗帜或那面旗帜之下。而你们这些君主派的人，如同你们所说的，搞的是君主政体，人们知道你们的学说号召你们站在什么旗帜之下。你们早在十八个月之前就决定选择了这面旗帜。1830 年 7 月 28 日上午 10 点钟[①]，我在一家报社办公室里自言自语地说要去拿起我的步枪和三色帽徽来，那时一个今天政府的要人气愤地喊道："先生，三色旗可能是你们的，它永远不会是我的；白旗才是法国的旗帜。"那时和现在一样，这些先生们要在一张长沙发[②]上统治法国。

的确，我们十五年来组织密谋就是要打倒白旗，当我们看到外国人曾把白旗挂在法国王宫和市政厅大厦上随风飘扬，感到切齿痛恨。我们一生中最美好的日子，就是我们把这面旗帜扔进泥沟里去的日子，就是我们践踏这个白帽徽，践踏这个投靠敌人的娼妇的日子。只有厚颜无耻的人才敢当面谴责我们同保王党同流合污；另一方面，只有虚伪的笨蛋才会怜悯我们的所谓轻信，怜悯我们的头脑简单，说我们受了正统党徒的欺骗。我这样说一点也不

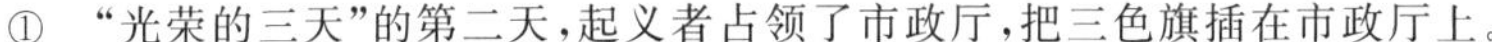

① "光荣的三天"的第二天，起义者占领了市政厅，把三色旗插在市政厅上。

② 在复辟时期，"长沙发"一词是对空论家〔以基佐(Guizot)、罗雅-科拉尔(Royer Collard)等人为首的立宪保王党一派的成员〕的一种讽刺。人们说这个集团的人数如此之少，只要一张长沙发就容得下他们了。

是侮辱已经倒下的敌人；他们自称是强大的，他们有他们的旺代[①]，让他们重新开始吧！我们倒要看看！

另外，我重复说一遍，不久就有必要在君主政体的君主国和共和政体的共和国之间进行抉择了，人们将会看到大多数人赞成哪种政体。虽然下议院是全国性的组织，即使它反对君主政体也不能团结整个国家，那是因为它虽然明白地表示了反对君主制却不敢同样明白地宣布赞成共和国；它虽然说出了它不要什么，但却没有说出它要的是什么。下议院决定不放弃共和国这一名词，而腐化堕落的当政者却竭力使全国害怕共和政体，因为它清楚地了解全国一致要求共和政体。四十年来，他们篡改了历史，取得了不可思议的成就，其目的在使人害怕共和国；但最近十八个月纠正了许多错误观点，戳穿了许多谎言，人民不再会受蒙蔽了。人民既要自由也要幸福。说人民为了一小片面包准备放弃他们的全部自由，这是一种诬蔑：应该把这种诬蔑还给作出这种诬蔑的政治无神论者。在一切紧急关头，人民不是表现了为道德的利益而准备牺牲他们的幸福和生命吗？1814 年，人民不是宁愿战死，也不愿看到外国人占领巴黎吗？然而是什么物质需要推动人民做出这种献身行为呢？要知道人民在 4 月 1 日如同在 3 月 30 日一样都是有面包吃的。

相反地，人们本来以为这些特权阶级很容易被伟大的祖国和荣誉的思想所感动，他们的富有应该使他们非常敏感，他们至少应

① Vendée，指 1793—1795 年法国布里塔尼、波尔图和昂儒等地的保王党煽动农民反抗共和国的动乱。——译者

该比其他人更能估计到外国入侵的不幸后果；但不正是这些人在敌人面前戴起了白帽徽和吻了哥萨克人的皮靴吗？这些阶级过去对国家蒙受耻辱拍手称快，今天他们傲慢地宣称憎恶唯物主义，他们准备牺牲千年的自由、繁荣和荣誉，来换取用不顾廉耻的手段买来的三天安逸，这些阶级竟成为国家尊严的唯一保护者！因为腐化堕落使他们变得像牲畜一样的愚蠢，使他们认为人民也只有牲畜一般的食欲，因而他们自认有权给被他们剥削的人民以维持牲畜般生活所需要的食品！

在 7 月的日子里并不是饥饿促使无产阶级走上广场的。他们有着高尚的道德感情，那就是他们渴望为祖国服务来赎回他们的自由，尤其是他们对波旁王室的仇恨！因为人民从来没有承认过波旁王室。十五年来他们把仇恨藏在心里，静待复仇的时机，而当他们强有力的双手打碎了枷锁时，他们认为同时也撕毁了 1815 年的那些约章。这表现了人民比政府人士更有政治远见；本能使人民认识到，不洗刷一个国家过去所蒙受的奇耻大辱，这个国家是没有前途的。所以只好战争！战争不是为了重新开始那些荒谬的征讨，而是为了使丧权辱国的法国站立起来，给法国以荣誉，因为荣誉是繁荣的先决条件；战争嘛！这是为了向我们欧洲的姐妹国家证明，我们并不怀恨他们在 1814 年把军队开进法国，因为这件事既是我们的也是他们的重大错误；我们知道为他们也为我们复仇的方法是惩办说谎的国王并把和平和自由带给我们的邻邦！这就是热情地欢迎新世纪的三千万法国人所希望的一切；这就是七月革命所应该产生的结果！七月革命是四十年来革命的继续。在共和国统治之下，人民用牺牲温饱获得了自由；帝国给了人民一些福

利，但剥夺了他们的自由。这两个政权都知道提高国家的对外地位，这是作为一个大国的首要条件。1815 年，一切都完蛋了，外国的胜利延续了十五年之久。七月的战斗若不是洗刷长期战败的耻辱，若不是恢复我们民族的团结，那又是什么呢？既然一切革命都是一次进步，这次革命难道不应该保证我们享受那至今还只得到一部分的福利，难道不应该最终还给我们在复辟时期所失去的一切吗？

自由！幸福！对外地位！这就是写在 1830 年平民革命旗帜上的口号。而空论家们却把这些口号理解为：维持一切特权！维持 1814 年宪章！维持伪正统！因此他们对内给人民带来奴役和贫穷，对外丧权辱国。难道无产者只是为了改变他们很少见到的金币上的人像而战斗的吗？难道我们对新的金币如此好奇，以致去推翻王位来满足这种好奇心吗？一位阁员政论家说，我们在七月革命时坚持要求君主立宪，以路易·菲利浦来代替查理十世。根据他的说法，人民只是作为中产阶级的工具参加战斗的；换句话说，无产者只是角斗士，他们为特权阶级的娱乐和利益而互相残杀，特权阶级却在窗口拍手叫好……这当然是在战斗结束了的时候。这些代议制政府的美妙理论的小册子在 11 月 20 日出版，里昂就在 21 日作出了回答①。里昂工人的回答表现得如此坚决，以至于任何人都不敢再提这位政论家的小册子了。

里昂事件在人们的眼里显示了多么可怕的地狱啊！整个国家看到这支忍饥挨饿的工人组成的大军冒着枪林弹雨，宁愿一下死

① 这里指 1831 年 11 月 21 日纺织工人起义，这次起义于 12 月 3 日被军队镇压。

去不愿活着受罪，都感到怜悯。

不仅仅是里昂而是在全国各地，工人都被苛捐杂税压得喘不过气来。这些工人不久以前曾为胜利感到十分骄傲，因为这次胜利把他们走上政治舞台和自由的胜利联系在一起，这些工人曾经企图复兴整个欧洲，他们正为反对饥饿而斗争，饥饿已经使他们不再有足够的力气来对复辟王朝所带来的新旧耻辱表示愤慨了。甚至连奄奄一息的波兰呼声也不能转移他们对自己贫困的注意，他们留住了眼泪，以便为他们自己和他们的孩子哭泣。这些痛苦竟然使得他们这样快地忘却了被杀死了的波兰人，可见这是何等的痛苦啊！

这就是七月的法国，它给那些空论家们搞到何种地步了！在那些欢腾的日子里，当我们肩上扛着枪，穿过被挖起铺路石的街道和街垒的时候，我们为自己的胜利而陶醉和欢呼，内心充满幸福的感情，一面想象着国王听到我们的马赛曲的洪亮歌声从远处传来时，脸色如何的苍白，而人民听到这歌声该是如何的欢乐；那时谁会料到，这样的欢乐和光荣竟会一下子变成了深沉的悲哀呢！谁会想到，从地窖里爬出来，吓得发抖的资产阶级，在看到这些堂堂六尺之躯的工人，竟会吻他们的破衣，声泪俱下地一再赞美他们的大公无私和英勇无比，谁会想到这些工人却会在他们所征服的石板路上潦倒而死，谁会想到他们的赞美者竟敢把他们叫做“社会的灾祸”呢！

高尚的灵魂！光荣的工人，你们临终时，我在战场上和你们握了最后一次手，道了永别，我用破布盖起了你们的脸，你们在胜利中幸福地死去，这次胜利应该为你们的后代赎回自由。但是六个月以后，我却在监狱里找到了你们的孩子，每天晚上我躺在床上，听见他们的呻吟，听见刽子手的咒骂，还听见迫使他们停止叫喊的鞭子声。

先生们，你们对那些已经显示过他们力量的工人大肆凌辱，使他们现在的处境比迫使他们进行战斗以前的处境更加恶劣，难道不觉得有点轻率吗？使人民痛苦地认识到在胜利中受了温情主义的欺骗，这是明智的吗？你们能够肯定不再需要无产阶级的宽恕，以致敢于表示不再害怕无产阶级的报复吗？看来你们似乎认为只要事先夸大人民杀人抢劫的情景，不必采取预防人民报复的措施，好似夸大这种情景就是防备这种情景成为现实的唯一手段。把刺刀刺进那些在胜利后交出武器的人的胸膛是多么容易啊！

但是要磨灭人们对这次胜利的记忆，却不是那么容易的。你们花了将近十八个月的时间，想一点一滴地重建在四十八小时内被推翻的一切，但是你们十八个月的反动并不能动摇我们三天的事业。任何人类的力量都不能推翻既成的事实。一个人可以说有些前因没有后果，但是有没有人能说，有的后果没有前因呢？法国已经在六千个英雄的血泊中受孕了，她的分娩时间可能很长，很痛苦，但她的腹部是健全而有力的，害人的空论家不可能使她流产。

你们没收了七月革命的枪支。是的，但子弹已经打出去了。巴黎工人的每一颗子弹都在围绕世界转动，他们不断地打击敌人，而且将继续打击敌人，直到自由和人民幸福的敌人一个不剩为止。

(二)关于七月革命以来法国国内外形势的报告(布朗基在"人民之友社"1832 年 2 月 2 日会议上的演说[①])

企图掩盖我们国家各阶级之间存在着一场殊死的斗争,是没有必要的。一个真正全民的党,就是所有爱国者都应该加入的群众性的党,这个真理是尽人皆知的。

迄今法国存在着三种利益:所谓上层阶级的利益,中产阶级或资产阶级的利益,以及人民的利益。我把人民的利益放在最后,因为它过去一直被放在最后的地位,我希望不久将会实现《圣经》上的格言:"有人愿意做首先的,他必做众人最后的,做众人的佣人。"

在 1814 年和 1815 年,资产阶级对拿破仑的统治感到厌倦,并不是由于拿破仑的专制(资产阶级并不太关心自由,在他们眼里,自由不如一斤香料,不如一张签了字的支票),而是因为人民的血流尽了,战争开始夺去资产阶级的儿女,尤其是因为战争威胁到资产阶级本身的安全,妨碍商业的发展,因此,资产阶级把外国士兵当做他们的解放者,把波旁王室当做上帝派来的使者。打开巴黎的大门,把滑铁卢的士兵当做强盗的,鼓励 1815 年流血事件的就是资产阶级。

① 见布朗基手稿,国家图书馆 NAF 9591—1 号,314 页以下。

路易十八用宪章来报答资产阶级[1]。宪章把上层阶级封为贵族，把下议院或者所谓的民主院交给了资产阶级。这样一来，流亡者、贵族、大地主——波旁王朝的狂热党羽——和由于本身利益而承认波旁王室的中产阶级都同样地成了政府的主人。而人民却被抛在一边。他们没有领袖，被外国的侵略弄得意志消沉，他们不再相信自由，沉默不言，忍受着压迫，以保存自己的力量。你们知道资产阶级直到1825年还是经常支持复辟王朝的。资产阶级参与了1815年和1816年[2]大屠杀，他们把博里(Borie)和贝通(Berton)[3]送上了断头台，支持了对西班牙战争，把维勒尔(Vilèle)[4]捧上了台，修改了选举法；直到1827年为止他们不断地把很多忠于政权的人塞进下议院而使它成为多数派。

1825到1827年期间，查理十世看到一切都已成功，相信自己的力量强大得不再需要资产阶级的支持，于是打算把资产阶级一脚踢开，正如1815年把人民踢开一样；查理十世向旧制度方面大胆地前进了一步并向中产阶级宣战，宣布实现贵族和耶稣会僧侣的专制统治。资产阶级本质上是反对宗教的，他们憎恶教会，只相信他们的复式簿记。教士们使资产阶级感到恼火；资产阶级曾同

---

① 拿破仑失败之后，路易十八不得不批准宪法或宪章(1814年6月4日)、宪章把法国变成了君主立宪国，在君主立宪国里，国王的权力受到上议院和下议院的限制，这两院都是代表大地主和大资产阶级利益的。由于选举资格受到高额纳税条件的限制，以致只有十万多人享有选举权，一万五千人到一万六千人享有被选举权。

② 这里指"百日"后，法国路易十八政府所实行的白色恐怖。

③ 博里和贝通，贝通将军和烧炭党人于1832年2月24日密谋推翻波旁王朝，结果政变遭到镇压，贝通和其他几个烧炭党人被处死。

④ 维勒尔，激进保王党分子，1821—1828年任内阁首相。

意和上层阶级联合起来压迫人民，但当他们看到自己也受压迫时，对上层贵族又是怨恨又是嫉妒，于是又来联合中产阶级的少数派。中产阶级的这些人自 1815 年以来一直反对波旁王朝，但在那时以前，一直被资产阶级当做牺牲品。因而一场长期的、激烈的笔战和竞选斗争开始了。资产阶级以宪章的名义进行斗争，不为别的只是为了宪章。实际上，宪章保证了他们的势力；如果宪章得到忠实执行的话，它会使资产阶级在国家中占优势。资产阶级制定了既代表他们的利益又作为他们旗帜的宪法。法律秩序就成了宪法的敌对双方每天焚香膜拜的神灵。这场斗争从 1825 年延续到 1830 年，它变得越来越有利于资产阶级，这些迅速取得进展的下议院的主人就很快地使政府完全垮台。

人民在这场斗争中做了什么呢？什么都没有做。他们对这场争吵袖手旁观，保持缄默，他们每个人都清楚地知道，他们的利益是不会在他们压迫者之间展开的论战中来考虑的。毫无疑问，资产阶级是不关心人民和他们的事业的，他们在十五年前就认为人民的事业已遭到失败了。你们还记得最忠实于立宪主义的报纸重复说，人民已让位给唯一代表法国的选民。不仅政府把群众看做是和论战无关的人，中产阶级可能更加蔑视他们，中产阶级打算独吞胜利果实。这种胜利不会超出宪章的范围。查理十世、宪章、外加势力雄厚的资产阶级，这就是立宪主义者所追求的目的。是的，但人民对这个问题的看法却不同；人民嘲笑宪章，咒骂波旁王室，他们眼看主子们互相争吵，静待时机以便冲上战场并使双方同意人民的看法。

当阶级之间的关系到了这样的地步，以致政府除实行政变外，就没有其他办法，而当政变威胁着资产阶级的时候，它是多么胆战心惊啊！在以解散议会的法令来回答二百二十一位议员给国王的著名请愿书[①]时，谁不想起他们的懊丧和恐惧心情呢？查理十世说要坚决依靠武力，这便吓得资产阶级脸色发白。大多数人公开不赞成二百二十一位议员所采取的革命的过激行为。最大胆的资产阶级分子也只把他们的希望寄托在拒绝交纳的沉重捐税上和几乎全都乐意起特别刑事法庭作用的法院支持上面[②]。保王党人之所以表现得如此有信心和决心，他们的敌人之所以表现出如此恐惧和不安，这就是因为保王党人和他们的敌人都把人民看做是已经退休了的人，并且期待他们在战斗中保持中立。因此，经过五年笔战和票球战[③]之后，一方面是依赖贵族、僧侣和大资产者的政府，另一方面是中产阶级，他们准备诉诸武力，而人民，十五年来始终保持沉默则被认为是已经退休了的人。

就是在这样一种情况下战斗开始了。命令公布了，警察捣毁了报纸印刷机。公民们，我不必向你们谈我们这些在枷锁下战栗并终于在长年沉睡中苏醒过来的睡狮——人民的欢乐心情。7月26日是我们一生中最美好的日子。而那些资产阶级呢！从来没有过一次政治危机使他们表现出如此恐惧和惊慌失措。他们听到第一批枪声就好似听到哨兵对准他们一个一个发射的第一枪，变

① 指议院内的二百二十一位反对派议员。他们为了回击1830年3月2日查理十世的演说，拟了一份请愿书，在请愿书里，他们抗议政府不重视“人民愿望”的一系列行动。

② 这是采取简易程序的特别法庭，建立于1815年，专门审判政治性的犯罪行为。

③ 指议员投入票柜内用以计票的球。

得脸色苍白和狂乱了。议员们在星期一、星期二、星期三的行径在你们的脑际是记忆犹新的。资产阶级把在恐惧中所剩下的一点机智和才能，都用来阻止和停止战斗；他们被自己的怯懦所支配，不愿意看到人民的胜利，而宁可在查理十世的屠刀下战栗。但是，星期四局势发生了变化。人民成了胜利者。因此，另一种更加深沉和压倒一切的恐惧笼罩着他们。他们的宪章、合法性、君主立宪、资产阶级专政统治的美梦统统完蛋了！查理十世，这个无能的魔影消失了。资产阶级透过废墟、火焰和烟雾，看见人民高举着三色旗在君主制的尸体上像巨人一样站了起来；他们吓得目瞪口呆。啊！就在这时候，他们惋惜7月26日那天没有国民自卫军，他们责怪查理十世没有预见和缺乏理性，他自己摧毁了他的救命支柱。后悔已经太晚了。你们看到在人民当权的日子里，资产阶级是如何摇摆于两种恐惧之间，首先是怕查理十世，其次是怕工人。那些在马尔斯广场阅兵时戴着高高的帽缨的威武的军人今天该扮演多么崇高而光荣的角色呵！

公民们，群众如此突然地显示了惊人的力量，为什么结果竟落得一场空呢？难道真是命里注定由人民单独进行的、应该标志资产阶级专权制度结束的、应该标志人民利益和人民力量实现的这场革命，结果只能以建立中产阶级的专权统治，加深工人和农民的贫困，使法国在泥坑中越陷越深而告终呢？唉！人民，像那位古人[①]一样，善于胜利，但不善于利用胜利。但过错并不完全在人民身上。战斗如此短暂，以致在战斗中自然产生的领袖，也就是那些

① 这里指的是迦太基名将汉尼拔(公元前247—前183年)。

善于巩固胜利的人还来不及从群众中产生出来。人民不得不联合在议会斗争中反对波旁王朝的资产阶级的领袖。其次,他们对中产阶级五年来反对他们敌人的小小斗争颇为感激,你们曾看到人民在战斗后在街上遇见穿礼服的中产阶级时,对他们表示多么善意,我甚至可以说表示多么尊敬!“宪章万岁”的口号就是一个人民和这些中产阶级结盟的团结口号,但中产阶级背信弃义地滥用了这一口号。是不是人民本能地感觉到他们刚才对资产阶级做了极为不利的事,他们以胜利者宽大为怀的姿态主动地向他们未来的敌人提出和平和友谊呢?不管怎样,群众没有正式表示过任何积极的政治愿望。鼓动群众采取行动,使他们走上广场的,只是对波旁王朝的仇恨和推翻它们的决心。他们希望从街垒中产生出来的政府既有波拿巴主义,又有共和国。

你们知道,人民信任他们所承认的领袖,把这些过去曾反对过查理十世的领袖看做和人民一样,都是波旁家族不共戴天的敌人,以及他们在战斗结束之后怎样退出了广场。那时,资产阶级走出了地窖,他们有成千上万的人蜂拥到战斗人员撤退后显得空荡荡的大街上。谁都记得巴黎街头的景象发生了不可思议的突变,就像剧场中换布景一样,穿短装的人转瞬间都改穿了礼服,仿佛仙女的魔棒使一些人消失了,同时又使另一些人出现了。这是因为子弹不再呼啸了。现在不再是怕被子弹击中,而是收拾战利品的问题了。各人有各人扮演的角色:工厂的工人撤走了,掌柜的出头露面了。

因此,这些坐享胜利果实的小人,在企图使查理十世重新登上王位,但又感到这样做有丧失生命的危险,而且又感到自己没有足够的勇气，去冒这种背叛的风险之后，就只好进行一次危险性较小的出卖行为；于是波旁王室的一员被宣布为国王；一万到一万五千名资产阶级来到新的宫廷，他们在受国王金钱收买的代理人的指挥下，一连数天，以热情的呼声向他们的主子表示敬意。至于人民，他们没有年金也没有金钱能在宫廷的窗下游荡，他们呆在自己的工厂里。但是他们不是这次无耻篡夺政权的同谋者；如果人民中有了能够领导他们进行愤怒的复仇斗争的人的话，这一阴谋本来是不会不受到惩罚的。被领导人所出卖，被各派别所抛弃的人民，就像在 1815 年那样默默地积聚自己的力量。我给你们举一个例子：上星期六，一个拉我的双轮马车的车夫向我叙述了他如何参加三天的战斗情景，接着又向我说："我在到下议院去的路上遇见了一群到市政厅去的议员。我便跟着他们走，看看他们做些什么。那时，我看到拉斐德(Lafayette)和路易·菲利浦一起出现在阳台上，拉斐德说：'法国人，这就是你们的国王'。先生，当我听到这句话时，我如同挨了一刀。我不能再往下看，立刻便走开了。"这个人就是人民。

紧接着七月革命之后，各阶层的情况就是如此。上层阶级被打垮了。在战斗期间躲藏起来，不赞成战斗的中产阶级，他们表现得极为机灵，正如他们在战斗期间表现得极为慎重一样，骗取了没有他们参加而取得的胜利果实。人民创造了一切，但仍像从前一样一贫如洗。不过已经出现了一个惊心动魄的事实。那就是人民以迅雷不及掩耳的速度登上了政治舞台，虽然他们几乎立刻被赶下舞台，却做了主人翁应该做的事，然后他们引退了。从此，中产阶级和人民之间将展开一场激烈的斗争。这场斗争不再是在上层阶级和资产阶级之间，因为资产阶级要求他们从前的敌人给予他们一臂之助，以便更好地来抵抗人民。事实上，资产阶级不久暴露出了他们对人民的仇恨……

* * *

如果我们研究一下政府的行动，就会发现它的政策的进程和发展是同代表其利益和感情的资产阶级的仇恨和暴力的进程和发展相一致的……

* * *

在初期，当街垒的石块还堆满街道的时候，执政者只大谈其市政厅[①]的政纲和共和的制度；他们逢人握手，发表迎合群众的宣言，到处滥用自由、独立和民族光荣这些伟大的字眼。其后，在当局能支配有组织的武装力量时，他们的野心就扩大了，他们引用并实施了复辟时代的一切法律和条例。以后，开始封闭报纸，对七月起义者进行审判，用刺刀和枪托屠杀和追捕人民，增加捐税及其征收之重是复辟王朝时代前所未闻的；所有这些暴力的使用和这种暴政的表现，都暴露出了政府的仇恨和恐惧心理。但政府也感到人民会用仇恨来回报他们的，他们知道只靠资产阶级的支持还不够强大，所以他们力图团结上层阶级分子，使他们站到政府一边从而在两种力量的基础上更有成效地抵抗无产阶级进攻的威胁。政府在十八个月来所实行的一整套措施，都是与贵族和解有关系，这就是他们政策的关键所在。而上层阶级几乎完全是由保王党分子组成。为了争取上层阶级，政府必然尽可能地与复辟王朝相似，重

① 指共和国时代的政府。——译者

弹它的老调，保存它的制度。政府也就是这样办的。除了国王的名字改换了之外，其他一切依然如旧。他们否认和践踏了人民的主权，朝廷为外国皇帝披麻戴孝，处处模仿正统王朝。保王党人保持了他们的原有职位，那些在第一次革命浪潮中被迫引退的人从新找到了更有油水的职位；官员都被留用，从而使全部行政权都掌握在忠于波旁王朝的人手中。

在外省，例如在南方，爱国者和保王党的人数几乎相等。每当这两派对峙时，政府由于偏心和叛卖行为，始终是反对爱国者，帮助正统党徒的。今天，他们终于不再掩盖他们对爱国者的仇恨和对正统党徒的偏爱了。贵族怎能拒绝如此柔情的献媚呢？

因此上层阶级中最腐败的一部分人，也就是首先追求黄金和享乐的那部分人，他们不惜同意维护公共秩序。但上层阶级中的另一部分人，为了避免说“可敬”一词，我称他们为腐化程度较浅的那一部分人，他们保持自尊心，信仰自己的主张，崇拜自己的旗帜和历史，厌恶地拒绝中庸之道者对他们的贿赂。在他们背后有着绝大多数南部和西部的人民；所有这些旺代和布里塔尼的农民，他们置身于文明潮流之外，对天主教有着强烈的信念，他们在崇拜中很有理由把天主教和正统王朝混淆起来，因为天主教和正统王朝是两个同生共死的东西。你们相信这些善良而虔诚信教的人容易受银行家诱惑吗？不，公民们！人民，虽然有时由于无知而受宗教狂热所煽动，有时比较清醒，而为热情洋溢的自由所鼓舞，但人民永远是伟大而豪迈的：他们从不向卑鄙的金钱利益低头，而只服从于高尚的心灵热情和高尚的道德观念。是的！布里塔尼和旺代，无论人们对它们怎样温柔和尊重，它们一听到：“上帝和国王”的号召就会立即起来行动，用它们的天主教和保王党军队来威胁政府，并且一和政府交锋就会把政府打垮。不仅如此，上层阶级中那部分同中庸之道者有联系的人，一有机会就会离开政府。他们所答应做的，只是不帮助推翻政府；至于对政府的忠诚，你们知道这些利欲熏心的人哪会有一点儿。我再进一步说，绝大部分资产阶级由于仇视他们所害怕的人民，由于想象战争会夺去他们的金钱而害怕战争，才聚集在政府的周围。他们并不太爱当前的秩序，他们感到这种秩序是没有能力保护他们的：一旦白旗举了起来，只要白旗保证他们能压迫人民和保证他们的财产安全，他们立刻会准备放弃他们原来的政治主张，因为他们非常后悔自己由于自尊心的缘故暗中破坏了波旁政权并且导致了它的垮台。他们会把他们那部分的权力放弃给贵族，心甘情愿地用奴隶地位来换取安宁。

因为路易·菲利浦政府并不能使他们放心。不管政府怎样模仿复辟王朝，怎样迫害爱国者，怎样想抹去起义的痕迹，因为在拥护公共秩序的人看来：起义玷污了政府。但是对这触目惊心的三天的回忆老是纠缠着政府，控制着政府；十八个月的反人民战争的胜利也抵不上一次人民的胜利。战场还是由人民控制着，而已成为历史的人民胜利就像达摩克利的剑[①]一样悬挂在当权者的头上；人人都提心吊胆地瞧着这条悬挂剑的马鬃不久是否会折断。

公民们，有两个原则把法国一分为二，一个是正统的原则，另一个是人民主权的原则。正统的原则就是过去的旧组织，社会在

① 达摩克利的剑，这一典故出自希腊传说。公元前4世纪时，叙拉古王迪奥尼西阿斯于饮宴时，在他的廷臣达摩克利的头顶上用一根马鬃悬挂着一把宝剑作为千钧一发、岌岌可危的象征。——译者

这些组织中存在了四百年，一部分人出于自己的安全本能地要求保存这些组织，而另一部分人则由于担心这些组织可能会迅速地被新的组织所取代，随着旧组织解体而来的便是无政府状态。人民主权的原则团结着所有争取未来的人民群众，他们受尽剥削的折磨，所以要求打倒这些压得他们喘不过气来的框框。没有第三面旗帜，没有中间路线。折中主义是一个愚蠢的东西，是一个装出一副只会令人发笑的正统姿态的非法产生的政府。因此，完全了解这种情况的保王党人利用力图拉拢他们的政府当局对他们的关心和殷勤，以便更积极地从事消灭政府。保王党人的许多报纸每天都在表示只有正统才能建立秩序，中庸之道是没有能力治理国家的，并且说离开了正统原则只会发生革命，一旦离开了第一个原则，就必然会滚入第二个原则中去。因此，将会发生什么呢？上层阶级只是等待重新举起白旗的时刻。绝大多数中产阶级分子只要柜台和保险柜，不要祖国，他们为了在一匹布上多赚两个银币或在商业回扣上多得百分之四的利润而心甘情愿做俄国人、普鲁士人和英国人，他们这样一些人必然站在白旗下面；只要听到战争和人民主权的字眼，他们就会胆战心惊。这个阶级中的少数人，是由热爱象征法国独立和自由的三色旗的知识分子和少数资产阶级分子组成的，他们是赞成人民主权的。

*　　　*　　　*

此外大祸很快就要来临。你们看到上议院、法官和大多数公务人员公开地嘲笑折中主义，图谋使亨利五世复位，正统派报纸不再掩盖他们反革命的希望和计划了。保王党人在巴黎和外省聚集了力量，把旺代，他们的布里搭尼，和法国南部组织起来，并骄傲地树起了他们的旗帜。他们高声说资产阶级支持他们,他们并没有搞错。他们只等待外国的一个信号就要重新举起白旗。因为没有外国支持,他们将会被人民打垮。他们明白这一点,而我们却认为,即使他们得到外国人的支持也将被消灭。

公民们,你们可以相信,外国是不会不给他们这种支持的。这是我们和欧洲列强关系上值得注意的地方。你们可以看到,法国的对外形势是和政府的对内政策的进展而平行发展的。对外丧权辱国同国内资产阶级的暴政和广大群众的贫困成正比例地加深。

欧洲的国王们一听到我们革命的消息,便惊慌失措,而当起义火焰迅速地燃烧到比利时、波兰和意大利时,他们当真以为他们已临近末日。在那时怎能想到这次革命会不是一次革命,驱逐了波旁王室实际上又没有把波旁王室赶掉,推翻了复辟王朝而又出现一个新的复辟王朝呢?最丧失理性的人也绝不会有这些想法。各国政府当局把这革命的三天看成是法兰西人民的觉醒,看成是人民向压迫者复仇的开始。各族人民的看法也和各国政府的看法一样。但是,曾几何时,我们朋友和敌人都显然看出法国落到一些无耻商人的手中去了,这些商人一心以最可能高的代价来出卖独立、光荣和自由。正当外国国王在等待我们宣战的时候,收到了法国政府恳求饶恕它的过错的信件。新的主人为它身不由己地参加了起义而请求饶恕,声明它是清白无辜和仇恨革命的;如果他的好友,国王们,能够答应保护它,在神圣同盟里给它一个小小的席位,它将成为这个同盟的一个忠实的奴仆,并答应去遏制革命,镇压革命和粉碎革命。

外国政府当局懂得人民并不是法国政府这次卖国行为的同谋

者，而且人民将很快惩罚这个卖国政府。因此，外国政府拿定了主意，扑灭在欧洲各处已爆发的起义，当一切进入正常秩序之后，他们再集中全力去反对法国，并在巴黎就地扼杀革命和摧毁革命的精神。这个计划是被坚定不移地、非常巧妙地实行的。不能操之过急，因为受到不久前的胜利所鼓舞的七月人民，可能会对直接威胁有所警觉，从而对他们的政府施加压力。而且，必须给折中主义以时间来削弱革命热情，消磨革命者的勇气，并在国内制造猜疑和不和。但也不可以行动太慢，因为群众会对国内压在他们身上的奴役和贫困感到忍无可忍而在外国采取行动之前，再一次打碎枷锁。

所有这些暗礁都被绕过了。奥地利人侵略了意大利，统治我们的资产阶级高喊“好啊！”并向奥地利鞠躬致敬，俄国人消灭了波兰，我们的政府高呼“太好了！”并且拜倒在帝俄的脚下。在此期间，伦敦会议在讨论保证比利时独立的议定书上故弄玄虚。因为，比利时的复辟可能会擦亮法国的眼睛，那时法国会采取维护他们事业的措施。现在，国王们向前走了一大步。他们不再要比利时独立，他们主张使荷兰国王在比利时复辟。北方的三个宫廷摘下了假面具，拒绝批准花了十六个月的时间开会讨论通过的著名条约①。

好吧！折中主义者会以宣战来回击这次横蛮的侵略吗？战争！上帝啊！这个词把资产阶级吓得脸无人色。请听他们怎样说

① 1831年伦敦条约规定由列强保证比利时的自主和中立地位。直到1839年4月19日比荷媾和条约正式签字后，欧洲各国才承认比利时王国的“永久中立不受侵犯”的地位。——译者

吧:战争,就是破产;战争,就是成立共和国!只能用人民的鲜血来进行战争,而资产阶级是不会参与战争的。因此,必须以祖国的自由和独立的名义,来呼吁人民为自己的利益、情感而作战!必须把国家重新交给人民,因为只有人民才能拯救国家。宁愿俄国人占领巴黎一百次,也不愿激起乱民的热情。俄国人至少是秩序的朋友,他们在华沙重新恢复了秩序[①]……这就是折中主义者的打算和言论……

*　　*　　*

保王党人会做好准备,来年春天,俄国人一越过国境就会找到为他们准备好的直到巴黎的住处。因为你们可以相信,即使在那时刻,资产阶级也不会下决心宣战的。被他们叛卖了的人民的愤怒使他们感到恐惧,增加了他们对战争的恐惧,你们会看到商人们佩起白色帽章,把敌人当做恩人来欢迎,因为他们恐惧哥萨克人的程度还不如恐惧穿短装的贱民……

如果人民还不拿出力量来惩罚这些卖国贼,这就是在等待着我们的命运。但是,公民们,没有一种伟大的动力,人民是不会进行革命的。为了使人民站起来,必须要有一根有力的杠杆;人民只是到了危险迫在眉睫之际才会起义的。我以沉痛的心情说,没有广大群众的行动,比利时就会复辟。但是,如果外国人胆敢越过我们的国境,我坚信人民不会束手就擒的,这时我们的敌人就该倒霉了!……

① 布朗基在这里讽刺沙皇军队镇压1830—1831年波兰起义后,在华沙建立的所谓“秩序”。——译者

法国还有十四个军团可以对付国王的欧洲，而人民的欧洲则是站在我们这一边的。

（三）谁做的汤应该由谁来喝*（1834 年）①

财富是智慧和劳动，人类的心灵和生命的产物。但是智慧和劳动这两种力量只有通过由两者合力利用的土地这个被动因素才能发挥作用。因此，土地这个不可缺少的工具似乎应该属于所有的人。但事实并不如此。

一些人利用欺骗或暴力霸占了公有的土地，宣布他们是土地的占有者，他们通过法律确定土地永远是他们的产业，而这种财产所有权就成为社会制度的基础，换言之，这种权利压倒一切，有时能够剥夺人类的一切权利，甚至于生活的权利，如果生活的权利不幸与少数人的特权发生冲突的话。

这种财产所有权经过逻辑的推论，从占有土地扩展到占有其他劳动工具，占有劳动产品的积累，总称为资本。因为资本本身是不会生产的，它只有在劳动力的作用下才能生产，而另一方面，资本必然是借社会力量作用的原料，大部分社会力量不占有任何资本，只好为了少数资本占有者的利益而被迫劳动。劳动工具和劳动果实都不属于劳动者，而属于游手好闲者。多余的树枝吸去树液而损害开花结果的树干的生长。黄蜂吃掉蜜蜂所生产的蜂蜜。

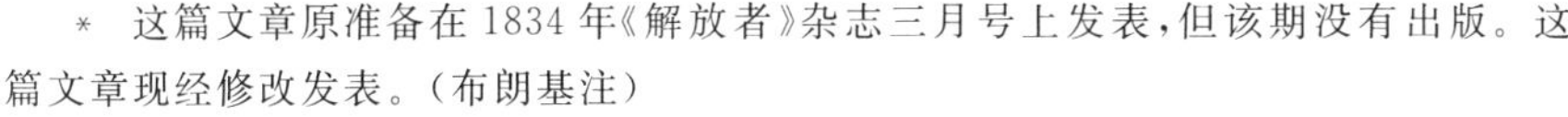

* 这篇文章原准备在 1834 年《解放者》杂志三月号上发表，但该期没有出版。这篇文章现经修改发表。（布朗基注）

① 参阅《社会批判》第 2 卷，第 118—128 页。

这就是我们以征服为基础的社会秩序，并把人民分成征服者和被征服者。这种组织的逻辑发展的结果，就是奴隶制。事情也果然如此。事实上，土地只有经过耕种才能产生价值，特权阶级从占有土地的权利得出结论，他们同样有权占有牛马般耕种土地的人。最初，他们把这些人看做是他们土地的附属物，后来，把这些人看做是一种可以离开土地的个人财产。

但是，平等原则铭刻在人们心灵的深处，几世纪以来力图摧毁各种形式的人对人的剥削，这一平等原则给了神圣的奴隶制第一次打击，打碎了雇佣奴隶制。特权应该缩小，不能再把人当做动产，而只能把人当做附属于土地，并和土地不动产不可分割的一部分来占有。

16 世纪时，一再流行的残酷压迫带来了黑人奴隶制，而今天被认为是法国土地上的居民还占有着人，如同占有衣服和马匹一样。在殖民地社会和我们社会之间的奴隶制并没有多大的差别。在特权和平等之间进行了十八个世纪的斗争之后，作为这场斗争的场所和胜利者的国家是不能容忍赤裸裸的奴隶制度的。但奴隶制名亡实存，财产私有权在巴黎虽然比在马提尼克岛更加隐蔽，但它在巴黎还是同在马提尼克岛一样根深蒂固，具有同样的压迫性。

实际上，奴隶制度不限于一个人变成另一个人的东西或变成他的农奴。一个被剥夺了劳动工具，完全受特权阶级即他的支配者摆布的人，也是不自由的。正是这种垄断，而不是这种或那种政治制度使群众变成了奴隶。土地和资本的世代相传使群众处于所有者的枷锁之下。他们除了有选择主人的自由外，不再有别的自由。

因此，“富人使穷人有了工作”这句话，无疑地使人觉得好笑。实际上，这差不多等于说庄园主给了他们的黑奴工作一样，所不同的只是富人对穷人的生命更加漠不关心。因为工人并不像奴隶一样是要加以爱惜的资本，工人的死对资本家并不是一种损失，因为总会有人竞争着来代替他们。工资虽然仅够使工人不致饿死，但还使得被剥削者能够生儿育女；工资延续了穷人的血统来为富人服务，因而使得构成我们社会因素的贫穷和富裕、享乐和痛苦这两个平行的遗产世代相传下去。当无产者受够了痛苦，并且留下了继承人，在他们死后继续受苦受难时，他们还要在医院里把尸体交出来为科学研究提供资料，以便医好他们的主人。

这就是占有生产工具的结果！群众只有无休止的劳动，每日难得赚到几文钱，明天总是没有保证，如果主人出于愤怒和恐惧，任意把劳动工具收回的话，那他们就只好挨饿！而特权阶级却有绝对权力，他们有生杀予夺之权！因为他们有钱，他们能够等待。等到特权阶级的储备耗尽被迫投降时，平民早就死得一个不剩了。

谁不记得1831年资本家由于恐惧或是为了报复而藏起来后所发生的不幸呢？这些腰缠万贯的资本家安然呆在荷兰冷眼看着为了他们的荣华而流尽血汗的工人饥饿待毙，痛苦不堪。用罢工来报复是不可能的。

里昂工人不久前举行了罢工。[①] 但付出了多大的代价！六万工人不得不在几十个工厂主面前屈服，求饶。饥饿压服了反抗。这种坚决抵抗的意志是令人赞叹的。工人们受了多少苦难，实在

① 这里指1834年4月里昂丝绸工人的起义。

忍无可忍，最后才会强硬起来反抗压迫。

穷人不了解他们遭受不幸的根源。无知是受奴役的结果，无知使他们成了特权阶级的驯服工具。他们被繁重的劳动压得喘不过气来，不知道精神生活为何物，他们在这个社会里被当做牛马，他们从这些社会现象里能知道什么呢？人家给予他们的，不过是他们的血汗果实的一部分，而他们却把这些东西看做是恩赐来接受，把剥削他们的手看做是养活了他们的手。因此，他们总是准备在他们主人的指示之下去打击试图向他们指出美好前途的敢说敢为的人。

唉！人类蒙着眼睛前进，每隔很长一段时间才揭开蒙住眼睛的布带来看一看他们前进的道路。在进步的道路上，人类每向前迈进一步就要踩死一批在前面引路的人。人类的英雄开始总是成了人类的牺牲者。格拉古兄弟(Les Gracques)被一群在贵族唆使下暴动的人民打死。耶稣基督是被法利赛人和祭司煽动起来的犹太人的欢呼声中被钉死在十字架上的。从前，平等的维护者被人民的忘恩负义和愚昧无知送上了革命的断头台，人民还让他们死后的名声受到诽谤和咒骂。甚至今天，特权阶级的帮闲们每天早上还教法兰西人民向这些烈士坟墓上吐唾沫。

要使无产阶级睁开眼睛认清他们的压迫者是多么困难啊！里昂无产阶级之所以像一个人那样站了起来，那是因为双方利益之间明显的矛盾不容许无产阶级再盲目地抱有即便是最固执的幻想。这时才看清了这些商人心灵深处隐藏着多大的仇恨和残暴呵！工人们面临着被屠杀的危险：大炮、弹药、战马和士兵从四面八方潮涌而来准备消灭他们。不是屈服，就是战死，这就是起义者所面临的抉择！里昂工人的职责，就是忍饥挨饿，白天黑夜为富人用金子、丝绸和眼泪织成衣料。

但是，这样残酷的暴政本身存在着危机：那就是会激起怨恨和起义。为了消除这种危险，富人们试图使卡恩(Cain)和亚伯(Abel)和解。他们从资本是劳动的必要工具出发，竭力说资本和劳动之间有着共同的利益，因此资本家和劳动者应该互相依赖团结一致。他们用多少漂亮的词句来编织这友谊的画布啊！他们给绵羊剪毛是为了绵羊的健康，因此绵羊应该表示感谢。我们的埃斯古拉普[1]知道怎样把药丸裹上糖衣。

这些传道说教至今还能找到一些受骗者，但为数已经不多了。人们每天都清楚地看到寄生者和牺牲者之间的所谓共同利益究竟是什么。事实胜于雄辩；事实证明了利润和工资之间存在着殊死的决斗。谁将失败呢？这是正义和良知的问题。让我们来观察一下。

没有劳动就没有社会！所以，没有一个游手好闲的资本家不需要劳动人民。但是，劳动人民为什么需要游手好闲的人呢？难道他们手里的资本只有在不属于劳动人民的条件下才能生产吗？假设无产阶级带着他们的家属和他们的劳动力大批逃到某个遥远的地方去。他们偶然离开了他们的主人会饿死吗？难道新社会只能在产生了地主和资本家并把全部劳动工具的所有权交给游手好闲的阶级之后才能建立吗？一定要把人分成所有者和雇佣者之

① 埃斯古拉普是希腊神话传说为太阳神阿波罗之子，被古希腊人和古罗马人奉为医药之神。——译者

后，才可能产生社会机构吗？

反过来看看被奴隶们抛弃的骄傲的主人的面孔是多么有趣啊！他们对那些空旷无人的宫殿、车间和田野怎么办呢？他们要不在这些丰富的财富中饿死，要不就轮到他们含羞地脱下衣服，拿起锄头，到一块土地上去劳动。他们这些人能耕种多少土地呢？我想这些先生们充其量只能耕种一个县的土地。

但是，三千二百万人不会再一齐回到阿旺当小山[①]上去了。因此，让我们作一个相反的、更加现实的假设。一天早上，游手好闲的人即新的贝亚斯[②]，从法国的土地上逃走了，把土地留给了劳动人民。这是多么幸福的、胜利的日子啊！千百万人摆脱了重重的压迫，这是多么值得快慰啊！广大人民可以自由地呼吸了！公民们，同声高唱解放的赞歌吧！

圣西门有句名言说：国家少了一个劳动人民就会贫穷；而国家少了一个游手好闲的人则会富裕[③]；死掉一个富人是一件好事。

是的！私有财产权正在日薄西山。高尚的思想家预言它的废除，并且号召废除它。埃生尼派[④]的平等原则 18 个世纪以来，通过不断地取消构成私有权基础的奴隶制而慢慢地削弱了私有权。总有一天私有权将同它赖以生存的特权最后一起被消灭。现在和过去都保证达到这一结局。因为人类永远不会静止不动，不是前

① 古罗马城内七个小山之一，公元前 493 年平民反抗贵族，一部分人退至阿旺当小山上进行抵抗。——译者

② 贝亚斯是公元前 6 世纪希腊七贤之一，他的家乡被波斯人围攻时，他只身逃走什么也没有带。——译者

③ 参阅《圣西门选集》上卷，商务印书馆 1962 年版，第 272—275 页。——译者

④ 公元前 2 世纪时的犹太教派之一。——译者

进就是后退。前进把人类引向平等;而后退就要通过各种特权,一直回到个人奴隶的处境。在人类尚未到达这一阶段之前,欧洲的文明毫无疑问将近灭亡。但是要经过什么样的大动乱才会如此呢?俄国的侵略吗?相反,正是北方本身将受到法国人征服各民族所带来的平等原则的侵略。未来是不容怀疑的。

让我们立刻指出:平等并不是平分土地。把土地零星分散,实际上不会改变所有制。既然财富是由占有劳动工具而不是由劳动本身所产生的,那么只要剥削思想继续存在,它就会重新积累大量的财富,从而迅速恢复社会上的不平等。

只有用协作代替个人所有制,才能建立以平等为基础的公平的统治。因此,为未来而斗争的人们要发挥越来越高的热情并使协作关系的一切因素发扬光大。也许我们也在为这个共同事业作出我们的一份贡献。

附　录

(一)布朗基给大学生的号召书(1830年12月11日)

致医学院和法学院的大学生:

本扎曼·孔斯坦[1]逝世了[2]。法国为失去它自己的自由的最坚强支持者之一、一位伟大的公民、一位伟大的人物而悲痛。我们因失去一位朋友而惋惜。你们知道他曾大声疾呼地驳斥了专制政权对我们的诬蔑和凌辱。你们知道在1820年、1821年、1822年和1827年政府当局不满足于他们的走狗用刺刀对我们进行迫害,还在讲台和报刊上对我们横加凌辱。那时,他发表过十分激烈的言论。他曾以成为青年人的朋友而感到自豪。直到他生命的最后时刻,他还大声为我们进行辩护,因为尽管经过了一星期的[3]伟大战斗,法国的青年如同法国的自由一样,仍有保卫的必要。他在去世前五天,还在讲台上发表爱国言论;他为维护我们的革命原则和取得革命的胜利战斗而死。全体人民将伴送他们权利维护者的遗体前往坟地。医学院和法学院的学生应该为他们的朋友举行一次特

---

① 本扎曼·孔斯坦〔Benjamin Constant(de Rebecque)(1767—1830年)〕,法国政治活动家和作家。生于瑞士洛桑,复辟王朝时代,他是自由党的主要人物之一。——译者

② 1830年12月10日,星期五。

③ 指1830年7月起义。

殊的哀悼会,一次庄严的祭奠以此表示谢意。我请全体同学于星期天[1]上午九时正在伟人祠广场集合。有武器的请携带武器前来,以便为本扎曼·孔斯坦举行隆重丧礼。

法学院学生

路易-奥古斯特·布朗基

附启——拉斐德将军宣布同意这次集会;参谋部的一位军官将于明天前来参加。[2]

(二)四季社入社仪式(1830年)[3]

入社人用布蒙住双眼,被带进来。

主席问介绍人。——你带来的这位新弟兄叫什么名字?……

问入社人。——公民(……),你几岁?你的职业?你的出生地?你的住所?你靠什么谋生?

① 1830年12月12日星期日。

② 这一号召书于1830年12月11日,星期六,印制和张贴出来,现有一份保存于法国国家图书馆。

③ 我们在这里转录有关1830年底,秘密社团的两个文件。它的起草者不详。然而这些文件反映了布朗基在这个时期所宣扬的政治和社会思想。原文摘自《向法院提出关于5月12日和13日事件的报告》。皇家检察长弗朗克·卡雷(Franck Carré)的起诉书,第40—42页。

"四季社"的组织如下:基层组织,叫做"星期",由六个社员和一个领导人组成,只有领导人才知道其他三个"星期"的领导人。四个"星期"组成一个"月",共二十八人;只有这团体的领导人,即第二十九人,知道其他两个"月"的领导人;三个月组成一"季",只有"季"的领导人知道其他季的领导人。四个季组成一年,"年"的领导人称作"革命的代理人"。那时在巴黎有三个"年",由布朗基、巴尔贝斯、马丁·贝尔纳任社长(秘密三头政治)。

你曾否考虑过此时你所采取的行动和刚才所许下的诺言吗？你是否清楚地知道叛徒是要被处死的？

那么，公民，请你宣誓绝不把这里将要发生的一切泄漏给任何人。

主席向入社者提出下列问题：1. 你对王权和国王有何想法？——他们对人类的危害如同老虎对其他动物的危害一样。2. 现在的贵族是哪些人？——世袭贵族已于1830年7月废除了，他们由金钱贵族所取代，这些人同以前的贵族一样贪得无厌。3. 是否能以推翻王权为满足？——必须推翻所有的贵族，废除一切特权。4. 我们应该用什么来取代王权呢？——由人民自己治理的政府，也就是说用共和国来取而代之。5. 那些只享受权利不尽义务的人，像现在的那些贵族，他们是否算是人民的一部分呢？——他们绝不应该作为人民的一部分；他们对社会团体的危害，就如癌症对人体的危害一样；恢复社会团体的公平合理状态的首要条件是消灭贵族。6. 革命之后，人民能否立即自己治理自己呢？——社会的现状是千疮百孔，要恢复健康必须用英勇的挽救法，人民在很久以来就需要一个革命政权。7. 总的说来，你的道德准则是什么呢？——那就是必须消灭王权和所有的贵族，用共和国，也就是说用平等的政府来取代它们；但是，为了过渡到这个政府，就要有一个革命政权来帮助人民直接行使他们的权利。

公民，你方才阐明的那些道德准则都是唯一正确的，唯有遵循这些准则才能使人类走向业已为它确定了的目标；要实现这些准则是不容易的。我们的敌人是人数众多而强大的；他们掌握着一切社会力量：我们，共和党人，甚至于我们的名称都是被取缔的；我们有的是勇气和正当的权利。还有时间，请你慎重考虑一下你参加我们行列注定要遭到的一切危险。牺牲财产、失去自由、也许丧失生命，你已下定决心去向他们挑战了吗？

我们看来，你的回答表现了你的气魄。公民，请你举起手来，作如下的宣誓：

“为了共和国，我起誓永远仇恨所有的国王，所有的贵族和人类的一切压迫者。我宣誓对人民绝对忠诚，除贵族以外对一切人友好，我宣誓惩罚叛徒；如果为了建立人民主权和平等制度有必要作出这种牺牲的话，我甘愿献出我的生命，甚至上断头台。”

主席把一把匕首递给了他。

“倘我违背这一誓言，让我被作为叛徒处死，让我被用这把匕首刺死。倘若我向任何一个人透露最小的事情的话，哪怕是我最近的亲属，要是他并非本社社员，我愿把我当做一个叛徒处理。”

主席：——公民，请坐；四季社接受你的誓言；现在你已是这个社的成员，同我们一起为解放人民而工作吧。

公民，在我们中间不再叫你的名字了，这是你在社里的注册号数，你应该设法自备武器和弹药，直到我们拿起武器行动时为止，领导这个社的委员会将始终是保密的。公民，你的任务之一是宣传本社的主张。如果你认识一些忠诚而谨慎的公民的话，应该把他们介绍给我们。

新入社者揭开了蒙布重见光明。

（三）四季社委员会的号召（1839 年 5 月 12 日）

公民们，拿起武器来！

压迫者的丧钟敲响了！

土伊勒里宫的卑鄙暴君[①]对于人民深受其折磨的饥饿是漠不关心的，然而他已恶贯满盈。他的罪恶终将得到应有的惩罚。

法国被出卖了，我们被杀害的兄弟们的鲜血向你们呼喊，要你们为他们报仇；因为这仇已经报晚了，所以是残酷的。剥削终于要彻底消灭，让平等在王权和贵族混杂的废墟上胜利地建立起来。

临时政府选任了一些指挥战斗的军事将领；这些领导人是从你们的队伍里产生的，跟随着他们！他们会把你们引向胜利。

被任命的有：

奥古斯特·布朗基为总司令；巴尔贝斯、马丁-贝尔纳、基诺(Quignot)、梅拉、奈特雷(Nétré)为共和国军各军指挥官。

人民，站起来！你们的敌人将像尘土一样被大风暴一扫而光。无情地打击和消灭那些卑鄙的走狗们，那些死心塌地为暴政效劳的帮凶们；把手伸向来自你们当中的士兵们，他们绝不会把杀人武器指向你们的。

前进！共和国万岁！

临时政府委员名单如下：

巴尔贝斯、伏阿也·达让松(Voyer d'Argenson)、奥古斯特·布朗基、拉梅耐(Lamennais)、马丁-贝尔纳、杜卜斯(Dubosc)、拉彭耐雷(Laponeraye)。

1839 年 5 月 12 日，于巴黎。

---

① 指路易·菲利浦。土伊勒里宫是法国历代帝王的王宫，初建于 1564 年，后经扩建、改建。1871 年部分被焚毁，其后全部拆除，现存土伊勒里花园。——译者

二、第二共和国时期的布朗基(1848—1852年)

(一)1848年2月25日的演说(1848年2月25日)[①]

……法国不是一个共和国,刚刚完成的革命仅仅是一次可喜的袭击而已。在资产阶级看来,如果我们今天想使那些受过一些政治迫害的人来掌握政权,那么外省将会恐慌起来;它将会回忆起恐怖时期和国民公会,也许将使人想起逃走的国王。国民自卫军本身只是不自觉的同谋者;这支军队由胆怯的店主们组成,这些人明天很可能取消他们昨天在高呼"共和国万岁"时所允许做的一切事情!……让那些市政厅的人去暴露他们的无能吧:他们的懦弱就是他们一定要失败的标志。他们掌握一个短命的政权;而我们呢,我们却掌握着人民和俱乐部,在那里我们要像昔日的雅各宾党人那样用革命的手段把人民组织起来。我们要善于再等待一些日子,革命将是我们的事!如果我们像盗贼那样,在深夜黑暗中采用

① 布朗基手稿,国家图书馆,国家档案编号9590,卷Ⅱ,第十三分册,第474页。这是布朗基在普腊杜俱乐部向准备起义反对临时政府的五百名公民所作的演说。在这次会议上,俱乐部取名为中央共和社。

大胆偷袭的方式夺取政权,那么谁能保证我们的政权能够维持长久呢?在我们政权下面,难道不会有精力充沛、野心勃勃的人狂热地想用类似的手段来取代我们吗?我们需要的是广大的人民群众、起义的郊区和一次新的8月10日。我们至少会有革命力量的威势。

(二)为红旗而斗争(1848年2月26日)[①]

我们现在不是生活在93年了!而是生活在1848年!

三色旗不是共和国的旗帜;它是路易·菲利浦和君主国的旗帜。

正是这面三色旗指挥了特朗斯诺南大街[②]、韦斯郊区和圣埃蒂安的大屠杀。它曾多次沉浸在工人的血泊中。

人民在1848年的街垒上高高地举起了红旗,正像他们曾在1832年6月、1834年4月、1839年5月在街垒上举起过红旗一样。这面旗帜经历过胜利的和失败的斗争,今后它就成了人民的旗帜。

昨天,红旗还光荣地在我们的大厦前面飘扬。

今天,反动派无耻地把它扔到污泥中,并且胆敢诽谤污蔑它。

有人说,这是一面血的旗帜。它是用先烈的鲜血染红的,先烈的鲜血使它成了共和国的旗帜。

红旗倒下对人民是一个侮辱,对先烈是一种亵渎。市卫队[③]的旗帜将会盖上先烈的坟墓。

① 参阅S.莫利纳(S. Molinier)著:《布朗基》第35页。

② 1834年4月13日和14日,人民群众起义反对王国政府。起义遭到了血腥镇压,尤其在特朗斯诺南大街,许多公民遭到了毕若(Bugeaud)士兵的屠杀。

③ 巴黎共和国仪仗队(Garde républicaine de Paris)的前身。——译者

反动派赤膊上阵了。人们再一次认清了它的凶恶面目。保王党分子跑遍了大街小巷,进行破口辱骂和恫吓,撕掉公民身上佩带的红色领章。

工人们!你们的旗帜倒下去了,你们听着!共和国不久将随着红旗倒下去。

(三)中央共和社致政府书(1848 年 3 月 2 日)——提沃利大厅[①]

……我们深切地希望从 1848 年街垒中产生出来的政府不会模仿他们先前政府,不会和重新砌好每一块街石那样恢复压迫人民的法律。基于这种思想,我们来协助临时政府〔切实〕实现自由、平等、博爱!这句〔美好的〕口号。

〔因此〕,我们要求政府〔立即〕发布以下命令,作为人民胜利的果实:

①保证完全的、无限制的出版自由。

②完全彻底取消报刊的保证金、印花税和邮资。

③保证思想作品通过广告、沿途叫卖、传布公告者的宣传等一切可能的方法完全自由流通,不受任何限制或障碍,也不需要事先得到许可。

④保证印刷工业的自由并取消特许证所代表的一切特权,但

① 布朗基手稿,法国国家档案编号 9580,卷 Ia,第二册,分册 B,U 页,第 107 号。这份致政府书载有革命初期在中央共和社各次会议上通过的一系列决议。

要事先赔偿。

⑤印刷厂对署名的著作绝不负责。

⑥撤销刑事法典第 291 条和 1834 年 4 月 9 日颁布的法律并正式废除 1848 年 2 月 25 日以前制定的[一些]可能限制或妨碍绝对有效的集会结社权的法律、命令、法令、决议、布告或任何规章制度。

⑦罢免最后三个朝代的检察官和审判官,暂由律师、辩护士和公证人等代替他们的职务。

⑧[立即]把全部未安排工作[并]领取工资的工人武装起来,组成国民自卫军,每人在役一天[毫]无例外地津贴两个法郎。

⑨废除刑事法典第 415 条和 416 条以及禁止工人结社的特别法。[①]

(四)要求延期举行选举的第一份请愿书[②]
(1848 年 3 月 6 日)

公民们,立即举行国民议会选举对共和国将是一个危险。

六十年来,在法国唯有反革命势力有发言权。受财税法控制的报

---

① 致政府书末尾的记载:

主席团。签名者:L. A. 布朗基,主席扎韦・杜里欧(Xavier Durrieu)、阿勒克斯・雷桑(Alex Raisant)、埃尔韦(Hervé)、纳波尔(Napol)、尚塞尔—索布里埃(Chancel—Sobrier)等人。

② 布朗基手稿,法国国家档案编号 9580,卷 Ia,第二册,分册 B,U 页,第 108 号。

在布朗基的倡议下,中央共和社掀起了一个运动,要求临时政府延期举行 4 月 9 日的选举。第一份请愿书由布朗基起草,于 3 月 6 日由中央共和社通过,7 日递交政府。请愿书没有得到任何结果,14 日中央共和社为延期举行选举又通过了一份新的请愿书。参看布朗基手稿,法国国家档案编号 9580,卷 Ia,第二册,分册 B,U 和 V 页,第 109 号。

纸只能进入社会的表层;[唯一的]群众教育[只]是通过口头进行,这种口头教育过去一直是,[而]现在仍然是掌握在共和国的敌人手里。

只有被击败了的党派的著名人士[特别是农村中的]才引起人民的注意。那些忠于民主事业的人,人民几乎都不知道。选举自由只将是表面的,因为一切敌对阴谋的影响必然会歪曲人民的意愿。

有人会说把全国看成是一个庞大的议会,就可以在舆论一致的影响下进行投票选举。这是不公正的,是危险的,因为这种舆论,就是保王主义。

大声疾呼要求立即举行选举的是些什么人呢?他们都是公认的共和国的敌人,这些人[一直]疯狂地攻击共和国,他们像忍受[侮辱]那样忍受共和国,他们打算利用共和国的过分幼稚来把它扼杀在摇篮里。

法国正在上演一出大型喜剧。公民们,我们会受这出戏的欺骗吗?我们的敌人被解除武装之后,改用了阴谋诡计。他们打算及时地夺取他们压制了三十年的果实。

公民们,请你们想一想,2 月 24 日的事业就不会失败了。如果这种既不慎重又不正当的[仓促选举]带来了一个反动议会这一灾难的话,那么共和国也[将]绝不后退。用你们的明智来防止这场斗争的灾祸吧。

请你们不要忘记,明天举行选举和六个月以后举行选举有着天壤之别。这个差别是要通过论战来加以消除的。今天举行选举是一个突然袭击和骗局。

只有通过自由论战才能辨明真理。但是这场论战不可能是一天的工夫。

因此，我们要求无限期地推迟选举，并且派人到各郡去，责成他们把民主的知识带到那里。

（五）要求延期举行选举的第二份请愿书
（1848年3月14日）

公民们，我们要求延期举行制宪议会和国民自卫军的选举。这些选举将是愚弄人的。

在巴黎，只有为数极少的工人的名字写在选民单上。投票箱将只会收到资产阶级的选票。

在城市里，那些成年累月在压迫和贫困的枷锁下受折磨的劳动阶级不可能参加投票，或者是像盲目的牲口一样被他们的主人牵着去投票。

在农村，一切势力都掌握在僧侣和贵族手里。手段高明的暴政，通过各个孤立的方法窒息了广大群众内心的一切自发性。沦于农奴地位的苦难农民将成为压迫和剥削他们自己的敌人的垫脚石。

想到压迫者们能够如此从他们的罪恶中得到利益，我们心里感到极大愤怒；使一千万人为解救自己而撒谎，利用他们缺乏经验，迫使他们甘愿沦为奴隶，这是一种亵渎神圣的行为。这是对二月街垒式的一种厚颜无耻的挑战。

人民不明真相：必须使他们知道。这不是一天、一个月的工夫。五十年来，唯有反革命有发言权的时候，难道给自由一年的发言权能算过分了吗？何况自由只要求一年的讲坛，并没有把手堵住对方的嘴呵!

必须使最小的村庄也得到民主的知识,必须使劳动人民把被奴役压低的头重新抬起来,必须使他们从被统治阶级踩在脚下的疲劳和恐惧状态中站起来。

不要说我们的顾虑是虚幻的!如果进行选举,这个选举一定是反动的。这是普遍的看法。保王党是唯一有组织的政党,由于它长期的统治,通过阴谋、贿赂和社会影响,它将操纵这次选举;它必将是选举的胜利者。

这一胜利就是内战!因为,巴黎,法国的心脏和大脑,绝不会在复旧势力的反扑面前退后一步,请你们考虑一下巴黎人民和这个议会之间冲突的严重恶果,而这个议会自以为代表国家其实不然;因为明天的选举将是对人民的突然袭击和骗局。

希望你们慎重其事,让法国避免这样的危险。让人民在共和国里成长。人民至今还处于令人窒息的君主政体襁褓里呢。

延期举行选举,这是巴黎人民的呼声!

(六)致政府书(1848 年 3 月 17 日[①])

公民们,人民不满意临时政府一部分人的反动倾向。

---

① 布朗基手稿,法国国家档案编号 9580,卷 Ip,第二册,b 分册,V 页,第 110 号。巴黎十五个俱乐部选出了一个委员会,布朗基是委员之一,和政府商讨从巴黎撤退军队和延期举行选举的问题。因为政府不愿接见这个委员会,委员会于 3 月 17 日向政府送交一份请愿书。这份请愿书包括有两个方案:卡贝草案和布朗基草案。卡贝要求国民自卫军选举推延到 4 月 5 日,制宪议会选举推延到 5 月 31 日。布朗基要求把选举日期再往后推延。议会最后接受了卡贝草案。

人民的愿望是在街垒上建立起来的政权应该用坚强的手腕来统治国家并立即停止一切有损共和国前途的踌躇不定和意见分歧。

人民要求采取下列紧急措施:1)把雇佣军撤出首都巴黎;2)延期举行国民自卫军和制宪议会的选举。巴黎,法国的大脑和心脏,只应该由人民自己来保卫,由全体人民来保卫。

可是由于某种恶意的影响,大多数工人还没有上法国宪兵团的名册,也没有参加军官的挑选。这是不公正的。国民代表在联合起来的贵族和路易·菲利浦官员的几乎是全面的影响下选举出来,也同样是不公正的。

然而这就是将要发生的事情,如果推迟选举还不能让人民的政党粉碎五十年来残酷地垄断了人民群众政治教育的反动党派对人民政党散布的偏见和诽谤的话。

明天的投票不会是自由的。这次选举将受敌对优势的支配,这种敌对优势的权谋长期以来使绝大多数人民对于强加在自己身上的思想桎梏成了习惯。

一个反动议会的来临远不能恢复安定和信心,只会在引起内战的同时加速信任与和解的破产。

人民恳切希望他的政府防止这场不幸的灾难,通过坚定而积极的办法使未来的国民议会成为纯粹共和的,只有这种纯粹共和制度才能保证议会的工作有良好的成果。

人民准备支持政府这样做来反对保王党的一切阴谋诡计。

(七)致巴黎民主俱乐部(1848年3月22日)[①]

如果共和国只是以一种政府形式代替另一种政府形式,那共和国将是一个谎言。政府的形式改换是不够的,必须改变它的内容。

共和国就是解放工人,消灭剥削统治,建立把劳动从资本的暴政下解放出来的新秩序。

自由!平等!博爱!我们大厦面前的这些光辉夺目的口号,不应该成为歌剧中虚饰的舞台布景。

我们不要什么玩具!我们不再是孩子了。当人们缺少面包的时候,就没有自由。当豪富并列在贫困旁边制造丑事的时候,就没有平等。当女工领着自己饥饿的孩子沿着豪华的宅第乞怜的时候,就没有博爱。

人民要工作和面包!人民的生存不能听任充满恐怖和怨恨的资本摆布。

所有赞同我们主张的人民社团请选派三位代表于3月26日星期日上午11点,出席在巴黎大学附近布瓦列埃街的会议大厅举行的中央选举委员会。只有各俱乐部的代表才能出席,并应携带各自社团的正式委任状。[②]

---

① 布朗基手稿,法国国家档案编号9580,卷A,第二册,B分册,V页,第112号。这是1848年3月22日布朗基写的宣言。巴尔贝斯领导的革命俱乐部,提出了成立一个各俱乐部中央组织的意见。中央共和社赞同这一意见,并把由布朗基和其他俱乐部代表共同签名的一份宣言寄给了各民主俱乐部。

② 签名者:L. A. 布朗基、弗雅特尔(Feuilâtre)、木通(Mouton)、塞甘(Séguin)、德萨米、维南(Villain)……

(八)发表政见(1848 年 3 月 30 日)[①]

共和国像君主国一样,在它的旗帜下也能掩盖奴役。

斯巴达、罗马和威尼斯曾是一些腐败和压迫人民的寡头政体。而在美国,还保存着奴隶制度。

“自由、平等、博爱”这个口号会同宪章的“全体法兰西人民在法律面前一律平等”一样变成众所周知的谎言。

资本的暴政比军事和宗教的暴政更加残酷。二月革命的目的,就是要摧毁资本暴政。这个目的也就是中央共和社的目的,每个社员誓为实现这个目的而奋斗到底。

(九)致临时政府(1848 年 4 月 20 日)[②]

军队正向巴黎挺进。他们的前进引起了爱国人士的惊慌不安。

军队还没有改编。被惶惶不可终日的暴政豢养起来从事杀人勾当的官佐今天和他们在街垒战以前一样,并没有改变。

甚至在巴黎,昨天的保王党分子装扮成了明天的共和党人,他

---

① 原文在 1848 年 3 月 30 日《法兰西邮报》上发表。

② 布朗基手稿,法国国家档案编号 9580,卷 Ia,第二册,b 分册,V 页,第 111 号。临时政府决定于 4 月 20 日为庆祝博爱节举行阅兵。这是把军队集中到巴黎来的一个借口,这些军队以后就会留在巴黎保卫“安宁”和“秩序”。中央共和社揭露了临时政府这一阴谋,抗议把军队召集到巴黎来。

们既不掩饰他们对称之为贱民的人的仇恨也不掩饰他们反对这些人的反动计划。

这些感情和这些利己主义结合在一起会使共和国大受损失。

人民仅仅对从他们之中来的士兵有感情,而对于士兵的消极服从原则是极其害怕的,这种消极服从经常把巴黎淹没在法兰西人民的血泊中。

再说为什么在我们城内要有雇佣军呢?如果人们真正要军队的话,八天之内就可以召集三十万全副武装的国民自卫军来维持首都的秩序和保卫首都的安全。

老的共和党人应该向临时政府坦率地表明他们的意向。这种意向在今天是非常令人心酸的。

可悲地挑选一些委员到各郡去,留用路易·菲利浦的法官和其他官员,有计划地孤立老的爱国人士,他们到处受到政府官员的排斥,到处受到重新纠集起来的保王党分子的嘲笑;相继解除街垒战士的武装;把驻防在国境线上的雇佣军调来巴黎;威胁要成立市区警卫队,这是用第三种名称来恢复巴黎宪兵队和市警卫队;匆忙召开选民大会,在极端反动的势力之下只能产生出一个反动的议会;所有这一系列行动似乎宣告1830年的翻版。

人民的声音已经把新政府叫做君主共和国。君主共和国难道会更不如共和君主国吗?

我们再一次呼吁你们要有爱国精神和慎重态度,公民们!制止反动势力吧!保持军队远离首都,消除武装报复对人民胜利的威胁。

(十)鲁昂大屠杀。中央共和社致临时政府书
(1848 年 5 月 2 日)[①]

公民们,反革命刚刚对人民进行了血腥屠杀。惩办,立即惩办杀人凶手!

两个月来,鲁昂资产阶级保王党密谋对工人进行一次圣巴托罗缪[②]大屠杀。资产阶级储备了大量弹药,政府当局是知道的。

"必须消灭这些乱民"!到处发出了杀气腾腾的叫嚣,这场屠杀的预兆,这些人的确都是乱民,他们曾在二月里经过三天的抵抗,迫使资产阶级保卫队投降了共和国!

临时政府的公民们,为什么两个月来鲁昂和周围地区的工人群众还没有组织成国民自卫军呢?

为什么只有贵族有组织和武器呢?

为什么贵族在执行他们的恐怖阴谋时,只碰到一些没有武装的人民呢?第二十八军团,这个 1834 年韦斯郊区的反派英雄,怎么会在鲁昂出现呢?

为什么卫戍部队会听从公然反对共和国的将领们的命令,听

---

① 布朗基手稿,法国国家档案编号 9580,卷 Ia,第二册,b 分册,V 页,第 113 号。鲁昂工人和资产阶级之间的阶级斗争在大选过程中表现得特别激烈,大选结束时工人们发觉受了资产阶级的欺骗。这时他们走上了街头,筑起了街垒。资产阶级则报以血腥的镇压。他们把枪炮对准了手无寸铁的工人。劳动人民遭到了巨大的牺牲。中央共和社在巴黎的墙上到处张贴了致政府书,各社会主义的报纸都加以转载。

② 1572 年 8 月 24 日,在圣巴托罗缪节的前夜,巴黎天主教徒对新教徒进行了残酷的大屠杀。——译者

从路易·菲利浦一手提拔的走卒热拉尔(Gérard)将军的命令呢?

这些没落王朝的雇佣刺客,他们所渴望的是血腥报复!他们必须进行一次四月大屠杀,以便从第二次七月革命中得到一些安慰。他们等待的时间并不长久。

临时政府的公民们,四月屠杀的日子,离革命还不到两个月,这是多么快啊!

对于这些四月屠杀的新兵来说,什么都不缺了!霰弹、炮弹、被破坏的房屋、戒严、杂牌丘八的凶残、侮辱死者、报纸的一致攻击样样俱全。那些卑鄙的武力崇拜者!连特朗斯诺南大街的大屠杀都望尘莫及!当读到叙述这些强盗战绩的无耻报道时,人们仿佛又处在使法国曾蒙受灾难和耻辱的那些不幸日子的第二天。

这都是些同样的刽子手和同样的被害者。一方面是在后面怂恿被用烈酒和仇恨灌饱的愚蠢士兵进行屠杀的疯狂的资产阶级;另一方面是在杀人凶手们的枪弹和刺刀下手无寸铁的不幸工人!

使这次屠杀同上次屠杀相似得无以复加之处,那就是王家法院,路易·菲利浦的法官们,他们像猛兽那样扑向在大屠杀中挣扎的人,把二百五十名共和党人关进了监狱。这些法官的头子是万恶的巴黎法院检察长弗朗克·卡雷,这个劳巴特蒙①曾疯狂地要过1839年5月起义者②的脑袋。对逃避保王党分子迫害的爱国

① 劳巴特蒙(Laubardemont),法国法官,死于1653年。他是黎塞留(Richelieu)最积极、最狂热的支持者之一。据说他说过下面这句话:"只要给我看一个人写的一行字,我就知道如何把他绞死。"

② 指1839年5月12日爆发的巴黎起义。这次起义是在布朗基和巴尔贝斯的领导下,由秘密的"四季社"所发动的。在这次起义中,革命工人起了主要作用,结果被军队和国民自卫军所镇压。——译者

者的拘捕一直进行到巴黎。

因为笼罩着鲁昂的是保王党的恐怖，临时政府的公民们，难道你们不知道吗？鲁昂的资产阶级保卫队在二月里曾疯狂地抗拒共和国。他们所咒骂的和企图推翻的就是共和国。

所有昨天的共和党人都被关进了监狱。你们自己的官员受到了死亡的威胁，被撤了职，受到了监视。市政府的官员勒麦松（Lemasson）、杜朗（Durand），衣衫褴褛，刺刀对准他们的胸膛被牵着游街示众。他们被叛徒政府当局监禁起来不许接见。这是在诺曼底古老的首府取得了胜利的保王党的叛乱，而你们，共和国的政府，却支持这些叛乱的杀人凶手。这到底是出卖还是怯懦呢？你们到底是胆小鬼还是同谋犯呢？

他们并没有打仗，你们分明知道这点！他们进行了屠杀！而你们却让他们夸耀屠夫们的战功。难道在你们眼里和在国王的眼里一样，人民的鲜血不过是有时用来冲洗太拥挤的街道的清水吗？涂掉你们刚才写在你们大厦上的自由、平等、博爱这句可恶的谎言吧！涂掉吧！

如果你们的妻子和女儿，这些娇艳的女人，戴着金光闪闪的首饰，穿着绸衣，坐着华丽的马车散步，突然被无情的敌人用刀剖开了胸膛，扔在你们的脚下，你们将发出多大的悲痛和仇恨的怒吼啊！这吼声会响彻世界最遥远的地方！

那么，请你们去吧！去看看那些躺在你们医院的地上，躺在屋顶室草褥上被杀害的妇女的尸体吧！她们的乳房被资产阶级的子弹打穿了，你们知道这乳房曾哺养过工人，而工人的血汗又养肥了资产阶级啊！

老百姓的妻女和你们的妻女同样珍贵,她们的鲜血不应该,也不能白流而不报仇!

惩罚,惩罚杀人凶手!

我们要求:

①解散鲁昂资产阶级保卫队并解除它的武装。

②逮捕和审判所谓上诉院的法官,路易·菲利浦任命的同谋犯,他们以保王党的名义并为胜利的保王党拘禁了鲁昂城的法官,把共和党人塞满了监狱。

③立即把常备军撤出巴黎,因为这时候,反动分子在残杀同胞的宴会上,正在驱使他们对巴黎工人进行一次圣巴托罗缪式的大屠杀。

(十一)告人民书(1851年2月25日祝词)[①]

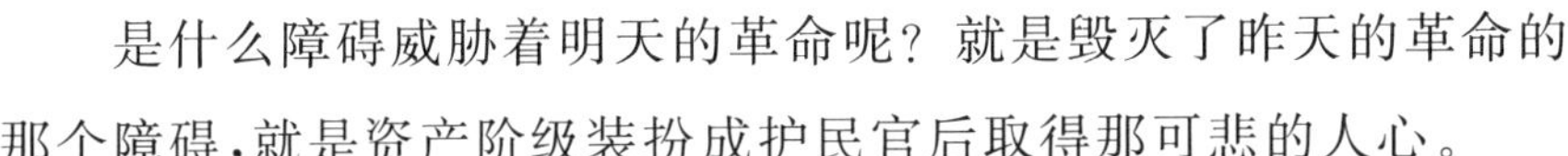

是什么障碍威胁着明天的革命呢?就是毁灭了昨天的革命的那个障碍,就是资产阶级装扮成护民官后取得那可悲的人心。

这些资产阶级,就是赖德律-洛兰(Ledru-Rollin)、路易·勃

① 这是布朗基为回答1851年2月25日纪念1848年革命周年纪念宴会而写的祝词,由贝尔岛狱中寄到伦敦。下面是恩格斯讲的关于这段祝词的来历:"自称为布朗基分子的圣巴托罗缪请布朗基给宴会寄祝词。结果他收到的只是一篇攻击临时政府,攻击路易·勃朗和其他人的出色的资料。圣巴托罗缪看了这个资料大吃一惊,把它搁置起来,决定不予发表……我们把这篇祝词译成德文,使它在德国和英国流传。"这篇祝词首先由平等之友社出了小册子,而后在1851年2月27日由《祖国报》重新发表。后来布朗基在一封信里详细说明了写这篇文章的起因和用意。(国家图书馆,法国国家档案编号9580,卷Ⅰa,第二册,a分册,1851年3月19日的第41页以下。)(参看附件122页以下)

朗、克莱米约(Crémieux)、马利(Marie)、拉马丁(Lamartine)、加尔涅-帕热斯(Garnier-Pagés)、杜邦(德·累尔)(Dupont(del'Eure))、弗洛孔(Flocon)、阿尔伯(Albert)、阿拉戈(Arago)、马拉斯特(Marrast)[①]之流!

可怕的人名录!这些凶恶的名字用鲜血写在所有民主欧洲的大街上。

是临时政府摧毁了革命!造成一切灾难和成千上万人流血牺牲的责任都必须由它来承担。

反动派只能干扼杀民主的勾当,扼杀民主的罪名应该落在叛徒的头上,天真的人民认为他们是领导者,而他们却把人民交给反动派。

该死的政府!它不顾人民的呼吁和请求,宣布了增加四十五生丁的附加税,这种附加税激起了绝望的农民的愤怒。[②]

临时政府保留了保王党的领导集团、保王党的法官、保王党的法律。这是叛变!

临时政府于4月16日追击了巴黎工人,监禁了里摩日地区的工人,27日枪杀了鲁昂工人;它发动了所有屠杀工人的刽子手,讥笑和追捕一切善良的共和党人。叛变!叛变!

造成一切灾难的严重后果都应该由临时政府负责,而且只由它负责,这些灾难几乎毁灭了革命。

---

① 赖德律-洛兰、路易·勃朗、克莱米约等人是1848年革命初期的临时政府委员。

② 四十五生丁的附加税。通过1848年3月16日的命令,临时政府宣布四种直接税按每法郎增加四十五生丁附加税。这些捐税特别沉重地压在农民身上。这项增税措施引起了农村中的强烈不满。

啊！他们都是一些罪魁祸首，他们中间罪恶最大的是那些用护民官的夸夸其谈欺骗人民，使人民把他们看做是保卫人民的矛和盾的人，那些人民热情地宣布为支配他们未来的人。

如果在人民即将胜利时，广大群众健忘的宽大为怀使得这些辜负了人民委托的人物之一重新当权的话，那么对我们来说是不幸的。因为革命将会再一次完蛋！

让劳动人民时刻注视着这张辜负委托者的名单吧，如果其中有一个名字，是的，只要有一个名字在起义后成立的政府中出现，劳动人民就同声高呼："叛逆！"

演讲、说教和纲领仍然都只是欺骗和谎言；同样的魔术师用同样的道具只能变出同样的戏法；他们只是新的、更残酷的反动锁链的一环而已。如果他们胆敢再次出现，我们就要对他们进行咒骂和报复！如果无知的群众再落入他们的圈套，那才真是既可耻又可悲的事情！

二月的骗子永远被驱逐出市政厅，这还不够，必须提防新的叛徒。

无产者树立起来的统治者不立即采取下列行动，就将是叛徒：①普遍解除资产阶级保卫队的武装；②把全体工人武装起来，组成国民军。

当然还有许多其他必要的措施；但这些措施自然而然地来自第一个行动，因为这第一个行动对人民来说是先决保证，也是安全的唯一保证。

不应该让一支枪留在资产阶级手中。不这样做，就不可能有安全！

今天争取群众赞同的各种学说会有一天实现改善人民生活和

促进大众福利的诺言，但是，绝不可顾此失彼。

如果人民过于迷恋这些学说而忽视了唯一切实可靠的因素——武力，这些学说只能导致可悲的失败。

武器和组织，这是进步的决定因素，消灭贫困的重要手段！谁有武器谁就有面包！人们会在刺刀面前屈服，人们会把解除了武装的群众一扫而光。法国有了武装的劳动人民，就是社会主义的来临。

在武装起来的无产者面前，一切障碍、顽抗，一切不可能的事，整个都将消失。

但是对在马路上从事可笑的游逛取乐，种植自由之树，倾听律师的高谈阔论的无产者来说，他们首先会得到圣水，接着就会受到侮辱，最后遭到枪杀，永远贫困！

让人民去选择吧。

1851 年 2 月 10 日，于贝尔岛监狱。

（十二）关于反对告人民书的叫嚣
（1851 年 4 月）[①]

是的，报纸说得有道理；这是 5 月 15 日以前的语调；这是布朗

① 布朗基的祝词在 1851 年 2 月 27 日《祖国报》上发表后，激起了资产阶级“社会主义者”和“共和党人”的强烈抗议；相反的，它受到了革命党派的热烈欢迎。1851 年 4 月，布朗基写了一篇文章可以说是给他的祝词作了注解。这篇文章有几份在法国社会主义者中间流传。在文章里，布朗基更加激烈地表示必须使人民加强警惕，不要过于信任资产阶级“社会主义者”；他要求革命党人和资产阶级共和党人决裂。

1870 年，当布朗基被提名为议会选举候选人时，社会主义《平等报》在 6 月 16 日一期上几乎全文发表了祝词的注解，题目是《纲领的喜剧》。

基俱乐部言论的重述,布朗基演说的片段;当时这些思想的简单再现激起一致的喧嚷,表示革命已经后退多么远了。从亨利五世直到路易·勃朗正是这些思想引起了形形色色的反应;人们不断用诽谤、暴力、杀声攻击这些思想,而这些思想激起了临时政府的愤怒,引起了临时政府的警察的阴谋和拘捕。这些思想因寡不敌众而遭到了失败,民主也跟着失败了;它们的失败给日益高涨的反动潮流打开了一个缺口。有多少次,在人民的队伍里人们高呼:“布朗基有道理!”有多少人由于得到经验教训转变了,他们都回忆起布朗基预见的正确性和他所具有第二生命的天赋,可以说,在普遍盲目的环境中使他看得清楚的是这种天赋!人们时常重复说:“布朗基早就说过这点了!”这种觉醒虽然晚了一点,但是这种遗憾和悔悟的表现却是一种公开承认错误和恢复名誉的行动。

然而现在这位预言家又说话了。这是为了指出一个未知的天地,为了揭示一个新世界吗?不是的,这是为了重新回顾一下他在俱乐部的所有的政治宣传。所有报纸都登载了这些政治宣传。在敌人可能进行同样欺骗的前夕,他又来重复他的警告。对重新产生同样危险的威胁,他又来警告地喊道:“无产者,请提防!”这就立刻在一些同样的反动集团内部发出了极其猛烈、陈旧的咒骂大合唱。

48年的旧事又要重演了!没有一点改变,无论是他们的意图和行动都没有改变!

他们只有一些纲领,就是说只有更多的谎言,这是新的欺骗,新的变节的前奏。他们会再次对这位人民哨兵进行1848年一样的咒骂,他们准备重复第一次的欺骗,他们立刻在形形色色的有关方面找到他们的老同谋者,在人民中找到他们一贯欺骗的对象,因为人民老是无知和不幸，永远遭到嘲弄，永远轻信他们。联盟又重新组织起来了，并且像一个人一样站了起来。

“我们会再见到二月事件重演吗？”——“不会，不会”，骗子和受骗的人同声回答。二月的教训已经产生了结果：人民看清楚了；现在他们有了方案、纲领，这些方案、纲领是预示暴风雨的灯塔，它是把人民导向港口的指路明灯。

你们倒不如说，这是导致覆灭的磷火，这是使人民遭受灾难的鬼火吧。

让我们来谈谈这些纲领，这些方针，这些大小报纸专栏里大肆宣扬的万能灵药吧。让我们来谈谈由人民管理的人民政府和这些无聊的废话吧，这是一些装潢门面的幻想，劳苦人民信以为真，而那些演员却在幕后为之捧腹大笑。

在我们那些如此珍惜他们特权的，如此害怕失去统治地位的老爷和主子那里见到他们极其冷淡而轻蔑地看待这些优秀的杰作，无产者怎会看不出这些所谓福音仅仅是江湖医生的广告呢？这是些什么纲领？难道人们如此健忘赖德律-洛兰和路易·勃朗在二月以前所发表的演说？在里尔、第戎和夏龙的宴会上，难道报纸不是借这些护民官之口发表过应该在革命胜利的第二天颁布庄严的平等宣言吗？这些庄严的诺言现在成了什么了呢？

*　　*　　*

人们不知道纲领的滑稽剧；下面谈谈它是如何演出的：在他们登上市政厅宝座的同时便把它扔在墙角落里；当他们被保王党踢了几脚，腰里带着保王党靴子，滚下楼梯的那天，他们在阴沟里重新拾起这些肮脏的破烂，把它们揩干、烫平、修补、整理，然后拿到不明真相的广大群众面前大肆招摇撞骗。这样做对于反动派又有什么紧要关系呢?他们对这些废纸的价值知道得太清楚了,因此他们不会关心这些东西的。他们知道这些废纸从何而来,也同样知道到了一定的时候它们将到何处去。因而反动派安心地让这些社会上的小丑在集市上陈列这些破烂来迷惑无知的群众。

不过请诚实的人抛弃对纲领的幻想,看穿这些乌托邦王国的迷雾,走出幻境进入现实,说句严肃而现实的话:

“解除资产阶级的武装,武装人民,这是挽救革命事业的第一需要,唯一保证。”

哦!那时反动派的冷淡消失了;长久的、愤怒的吼声响彻整个法国。他们不满地叫嚷什么亵渎神圣,大逆不道,疯犬病患者。他们鼓动暴乱,在这个人面前暴跳如雷,要把他打下十八层地狱,因为他老老实实地说出了最符合基本常识的话。

嗨!大家忘记了六月的悲惨事件吗?忘记了[巴黎从地窖到顶楼]受到的全面搜查吗?大家忘记了巴黎被解除武装、绑住手脚、受到压抑、战战兢兢的日子吗?忍受比外国强盗做巴黎主人时给大家的凌辱还大呵!嗨!只要在一个工人的顶楼上找到了一点火药,一把刀柄,一个枪托,这个不幸的人就会被送到监狱里去!

胜利了,你们还犹豫!你们不敢解除和人民不共戴天的阶级敌人的武装!而他却要消灭人民!

阶级敌人把长期统治造成的威势强加于你们;你们回忆起他的暴力就相信他是不可侵犯的。得了吧,奴隶的子孙,你们在暴君面前俯首帖耳!你们今天起义,明天却又后悔和屈服,你们还是保留你们的贫困生活和奴隶身份吧!不必打算摧毁加在你们身上的锁链了吧！用你们自己的双手再把这条锁链焊接起来吧。不要再革命了，至少可以免掉这种跪下来求饶的可耻行径！

（十三）给梅拉的信[①]（1852年6月6日于贝尔岛）

我亲爱的公民，我不急于给你回信，是因为我怕伤害你的意见，你我的意见并不总是一致的，至少在表面上是如此。但是你坚持要我回信，并且似乎把我的沉默归之于个人不满的缘故。我不愿意你作毫无根据的猜测，所以就向你谈谈我的看法，既然你坚持要我谈。我们在主要点上是一致的，我要说的，是实际方法，它们归根结底就是全部革命。但实际方法是根据原则而来的，也取决于我们对人和事物的评价。在这方面，我们的意见有分歧。你责备造成二月失败的各派领袖是胆小鬼、哲学家、律师、派系分裂主义分子。

上述这些原因中，我只承认一个律师，但绝不是把他们当做律师，而是当做这群阴谋家组成的相当重要的集团，这些阴谋家吞下了共和国，但是消化不了，因此又立刻急忙地吐了出来。你可以相信，这些叛徒并不打算改变什么和破坏什么；正相反，他们只有一

① 这封带有政治内容的长信是布朗基写给梅拉的，梅拉是巴尔贝斯的门徒之一，革命俱乐部分部、巴黎第五区共和俱乐部的老创始人和主席。他由于参加了六月的战斗而被流放到非洲。他终于成功地从那里逃到巴塞罗那。在此他收到布朗基给他写的这封信。

梅拉（Maillaad）是一个忠实的共和党人，但他缺乏明确的观点。

布朗基给他的这封信第一次发表在《人民呼声报》1885年10月第一、二、三期上。见布朗基手稿，法国国家档案编号9590—2，卷Ⅶ，第三册，第五分册，第379页以下。

个目的、一个愿望,那就是保存自己,保存自己的地位。你们把他们想得比实际更加愚蠢。这是普遍的错误。人们宁愿责备他们的智慧而不责备他们的意图,因此人们就逐渐为他们进行新的欺骗铺平了道路。怎么能够相信那些在一切政治勾当中经验丰富的人会如此粗心大意地搞错了最基本的东西呢?如果他们没有闹过革命,那是因为他们不想干革命。他们的叛变是一件蠢事,问题就在于此。他们终于掌了权;想由他们来统治国家了。他们的愚蠢在于想象他们能长期地统治下去。这是一切当权者不可救药的通病。他们自信他们都是不朽的。

应该从罪犯的名单上勾销胆小鬼——任何人在二月事件里都不害怕,除非是怕失掉他那份战利品!——哲学家——他们就我们的灾难来说是无罪的;此外,今天比任何其他时候都更需要做一个哲学家。对各派领袖提出的一系列谴责,是阴谋家集团叛变行为之一。这些派别领袖究竟是些什么人呢?他们是主张在正义和平等的基础上重建世界的各种社会学说的首倡者,或者至少是主要的维护者。社会主义,就是相信从这些理论的实践中产生出来的新秩序。当然,这些学说在许多点上互相冲突,但是它们追求同一个目标,它们有着同样的愿望;它们在主要问题上是一致的,并且它们的努力已经产生了一个结果,虽然这个结果还不十分明确,但已掌握了群众的思想,变成了他们的信仰、他们的希望、他们的旗帜。社会主义是带电的火花,它照耀并激励着人民群众。人民群众也只有在这些学说的鼓舞下才会行动起来,才能燃烧起来,我们今天看到的是阴谋家们的恐怖,我希望不久我们看到的将是利己主义的坟墓。那些那么受到咒骂的各派领袖,终究是最优秀的

革命者，是那些具有激励人民并把人民投入暴风雨的特点的强烈思想的传播者。你们不要弄错了，社会主义就是革命。革命也就是社会主义。取消社会主义，人民的火焰就熄灭了，沉寂和黑暗就会笼罩整个欧洲。

你惋惜民主党派的分裂。如果你说的分裂意思是指私人仇恨、嫉妒和野心的竞争的话，我愿意和你一起咒骂这一切，它们是我们事业的灾难之一；但请注意，这并不是我们党派特有的创伤，我们形形色色的敌人也和我们同样痛苦。这些私人仇恨、嫉妒和竞争在我们队伍里显得更为突出，那只是因为民主人士具有更坦率的性格和更易接受新事物的习惯。何况这些个人的斗争是人类的弱点；应该加以容忍，我们要实事求是地对待人。对天生的缺点暴跳如雷，如果不是愚蠢就是幼稚。坚强的人会通过这些障碍前进，这些障碍是任何人消灭不了的，而是大家都能避免和越过的。我们要善于服从需要，在为这个缺点而感到悲痛的同时，不要放慢我们前进的步伐。我重复说一下，一个真正的政治家要蔑视这些障碍，不但不应该因为道路上有一些小石子而感到特别不安，而且应该勇往直前。你和我谈到各个派别间的互相咒骂，要是你仍然没有给予十分重视，在我看来，这些互相咒骂是既可怜又可笑的。蒲鲁东主义者和共和党互相攻击同样是可笑的，它们不了解学说上多样化的各个不同的思想。各个不同派别都有它自己的使命要完成，在伟大革命事业中有它自己的作用要发挥；如果你认为学说的多样性是有害的，就无视这条绝对不可否认的真理："真理越辩越明"。这些理论上的争辩，这种派别间的对立，是共和党最大的力量；这就是它比其他党派更优越的地方，别的党派都原封不动地

保持旧的形式。我们是一个富有生命力的政党;运动、时代、生命都是我们的。其他党派只是一些僵尸。所以你埋怨的是真正像人的生活,而不是做一个躺在古老坟墓里的石像!

让我们来谈谈政见问题吧:你自称“革命共和党人”。你要当心,不要由于满足于一些空洞的词句而受欺骗。那些既不“革命”,甚至也许不是“共和党人”的人正是假借“革命共和党人”这个头衔来装点门面的,这些人已出卖并破坏了革命和共和国。他们正是用这个头衔来反对被他们逐出了教门的社会主义者,当人民之风从社会主义这边刮起来,而社会主义看来又是在胜利前夕时,他们就毫不犹豫地把自己乔装打扮得十分可笑。当我们的失败使社会主义的旗帜倒下去的时候,他们就背弃并侮辱社会主义。我还记得有一个时期,赖德律-洛兰[①]自称比蒲鲁东或卡贝更加是社会主义者,并冒充社会主义的唐·吉诃德(Don Quichotte)。这个时期已经过去很久了。我们遭到了一系列的失败,这些失败使先进的学说退出了政治舞台。于是今天,赖德律-洛兰和他的朋友们都诅咒社会主义,并把我们的一切不幸都归罪于社会主义。这是谎言,这是卑鄙。

你对我说:“我既不是‘资产者’,也不是‘无产者’,而是一个‘民主主义者’。”请当心这些含糊不清的词汇,这是阴谋家喜欢使用的工具。我知道你是怎样的人,读了你信里的几段话,我看得更清楚。你的主张贴上了不真实的标签,借用了诡辩家的辞藻,但这

① 赖德律-洛兰,小资产阶级民主主义者,他多次攻击共产主义。但他善于在口头上运用社会主义的华丽辞藻来掩盖他的政策的资产阶级实质。

并不妨碍我看清你和我有着共同的思想，共同的观点，它们和阴谋家的思想和观点完全不同。正是这些阴谋家发明了这句好听的箴言："既不是'无产者'也不是'资产者'而是'民主主义者'。"我要问你，"民主主义者"这个词究竟是什么意思呢？这是一个模糊的、庸俗的、没有确切意思的词，这是一个有伸缩性的词。什么样的主张不能隐蔽在这个招牌底下呢？任何人都可以自称为"民主主义者"，尤其是贵族老爷们。你难道不知道基佐先生[①]是一个民主主义者吗？那些阴谋家就喜欢这模棱两可的字眼，因为这个字眼对他们有利，他们非常害怕清楚明确的概念。这就是为什么他们要取消"无产者"和"资产者"两个概念的原因。资产者和无产者两个词有着明白而确切的意思，这两个词清楚地说明了问题。这就使得人家不喜欢。人们厌恶这两个词像厌恶内战的煽动者一样。这个理由还不足以使你睁开眼睛吗？长期以来，我们被迫进行的不是内战又是什么呢？和谁打内战呢？啊！这正是他们竭力想用模糊字眼来搅乱的问题；因为问题是要防止这两面敌对的旗帜绝对处于正面冲突的局面，使得在战斗之后，从胜利的旗帜下窃取胜利的果实，以便失败者可以悄悄地又成为胜利者。人们不愿意这两个敌对阵营叫他们真正的名字："无产阶级"和"资产阶级"。但是这两个阵营又没有别的名字。

① 基佐，弗朗斯瓦·比埃尔·吉约姆（François Pierre Guillaume Guizot，1787—1874年），政治家和历史学家。在波旁王朝复辟时期，他是一个自由主义温和派。1816—1820年期间，他是立宪保王党的领袖之一。1830年基佐被任命为内务部长，他表现为极端的保守主义者。在他担任外交部长的四十年代，外交政策特别反动。基佐在法国历史编纂学上占有重要的地位。

在我们的国家里存在着某一个阶级,假定说,它不如贵族和僧侣阶级那样明确,但却非常突出,大家都知道它叫资产阶级,难道这不是真的吗?这个阶级包括大多数拥有一定数量财富和具有一定学识的人:金融家、商人、地主、律师、医生、法律工作者、官吏、收租收息的财主,所有靠收益或靠剥削劳动人民生活的人。再加上相当数量的拥有财产,但缺乏教育的乡下人,充其量也许有四百万人。剩下的就是三千二百万没有财产,至少没有像样的财产,完全靠双手劳动的微薄收入而生活的无产者。就是在这两个阶级之间进行着激烈的斗争,斗争的命运把你送到了西班牙而把我送到了贝尔岛。我要问你,如果我们不是在无产阶级的旗帜下战斗,那是在什么旗帜下战斗呢?我的家庭出身和我所受的教育决定我是一个资产者,你也可能同样是一个资产者。这就是说由于天命,在无产阶级的队伍中有着许多资产者。这些资产者甚至构成了无产阶级队伍中的主要力量,或至少是最坚定的力量。他们给无产阶级带来了一份知识,而不幸的是那时人民还不能提供这些知识。正是这些资产者首先举起了无产阶级的旗帜,明确提出了平等的理论,宣传和维护这些理论,并且在这些理论失败之后重新把它们恢复起来。到处都是资产者领导人民进行反对资产阶级的斗争。正是由于这个原因,那些阴谋家才能使人相信他们阴险的谎言:“既不是‘资产者’!又不是‘无产者’!而是‘民主主义者’!”怎么!因为有许多穿礼服的人参加在穿工作服的人的队伍里,并且有更多的穿工作服的人被穿礼服的人雇佣去战斗,由此就可以得出结论说,这场斗争不是资产者和无产者之间,租金和工资之间,资本和劳动之间的斗争吗?但是有许多的贵族和教士参加了第一次革

命，难道就能够得出结论说第一次革命不是指向僧侣和贵族的吗？谁敢支持这种谬论呢？我们党的不幸，正是在于大多数资产者同劳动者之间的联盟不是真诚的。野心和贪欲促使资产者走进反对压迫的无产者队伍里去。他们自奉为无产者的领袖，引导他们去打击政府，把持政府，取得高官显位，以政府为掩护，并且从此时起，转变为保守主义者，调转头来反对这个可怜的人民，人民看到他们昨天的首领变成了明天的压迫者，完全失去了方向。

这种从1789年开始的骗人的手法不断地改变，每次都取得了同样的胜利。那时中产阶级发动人民去反对贵族和僧侣，把贵族和僧侣打倒，并取而代之。他们继承了被打倒阶级的遗产，在他们看来这是合法的；随后他们为了保存这个遗产，并在进行反抗的无产者肩上维持新的枷锁，在他们看来这也是合法的。旧制度刚刚被他们共同的努力推翻，这两个胜利的同盟者，资产阶级和无产阶级之间的斗争就开始了。今天的斗争恰好回到了1789年的情况。阅读第一次革命的历史，就等于读今天的历史。完全一模一样；同样的语言、同样的地方、同样的形容词、同样的变化，简直完全是上次革命的翻版。只是资产阶级比无产阶级更会吸取经验教训。你今天又会发现那时候的一些人，那些所谓的人民的朋友，他们想的仅仅是代替被驱逐的剥削者，以赖德律-洛兰为首的所谓的山岳党人都成了吉伦特党人，他们在步他们先驱者的后尘。的确，他们采用了老山岳党的口号和旗帜，他们开口不离罗伯斯庇尔（Robespierre）闭口不离雅各宾党人。不过他们当然要这样做，不然怎能欺骗人民呢？打着人民旗号，这是阴谋家所惯用的伎俩。广大群众是轻信盲从的，容易被响亮的字眼和动人的姿态所迷惑。今天，他们

又企图用“共和党人”!“革命者”!“民主主义者”!这类浮夸的庸俗话来强迫和迷惑群众。可是,他们气节败坏地反对这些解决问题、说明问题的精确字眼:“资产者”!“无产者”!你不要上他们的当。你不要忘本,要饮水思源。你是无产者,因为你要求公民真正平等,要求推翻一切等级制度和一切暴政。革命应该是什么呢?革命应该是消灭建立在不平等和剥削基础上的现存秩序,打倒压迫者,把人民从富人的压迫下解放出来,而那些自称革命的共和党人或民主主义者并不要这一切。这一点在二月已得到充分证明。他们已经不要革命,现在也仍然不要革命,你们不要以为那时候他们还不懂得推翻革命;那时候他们嘲笑我们,他们是一些自私自利的小人,准备好夺取新的猎物,准备好再一次喊道“你们滚开,让我来拿!”——这些愚蠢的家伙!他们将最后一次和永远地毁灭革命。因为你已经看到每一次失败带来了更加可怕的反动。其次,你也看到四年来他们所干的一切勾当,请你根据过去来判断未来吧。明智的人就应该这样做。没有其他办法。

你说,你既不是法兰西人又不是西班牙人,而是一个“世界主义者”。啊!这很好,我也是一个世界主义者,但是还得留心,不要中了阴谋诡计!你刚才恰恰以世界主义的满腔热情,投身到全欧洲最没有世界主义的、最自私自利的、民族主义的马志尼[①]一流人

① 朱泽培·马志尼(Guiseppe Mazzini,1805—1872),意大利复兴运动的主要积极分子之一。在争取意大利统一的斗争中,他是意大利资产阶级的领袖,他为意大利的自由和独立积极战斗。1831年,他建立了一个秘密社团《年青的意大利》,1834年又建立了一个欧洲组织《年青的欧洲》。马志尼没有提出社会改革,他认为人民应该以道德和宗教思想的名义为独立而斗争,不是为了改善物质条件。他的口号是“上帝和人民”。他对社会主义的态度是否定的。

物中去了。

你了解马志尼吗？不，你肯定不了解他。他是一个招摇撞骗，傲慢自大的野心家，甚至比所有这些还要坏，你看到他冒充欧洲民主的独裁者，世界革命的捍卫者。是的，他几乎是一个梯也尔式的武力革命者。你知道他要什么吗？他只要一样东西：复兴意大利民族，使意大利成为一个第一流强国，而他当然是这个强国的元首；建立这个强国的霸权，建立一支常备军队、一支海军、一笔预算，总之，建立当代政府的一切力量或压迫的条件，然后在外交会议上夸夸其谈，压低法国，驱逐法国，围攻法国，把它排斥欧洲之外，使它从物质和精神的辉煌地位上摔下来。这个人有两个欲望：渴望统一意大利，痛恨法兰西……

*　　　*　　　*

当然，在12月的灾难之后，团结一致、忘记过去、亲善友好的时刻已经来到了；一致反对共同敌人，中止旧的不和的时刻已经来到了。不对！马志尼仇恨法国，厌恶社会主义，他不可能放弃这样好的机会来侮辱法国，摧毁社会主义，发泄他这双重仇恨……排除约束他的一切思想障碍，挑起人民对法国的蔑视：马志尼不折不扣地完成了这个任务，他踢了我们祖国一脚。

读到这些滔滔不绝地对社会思想进行可耻而又可笑的咒骂，怎么能不令人愤怒而又怜悯呢？怎么能相信一个人可以把十二月[①]的失败归罪于社会主义而不引起群众的反对呢！骗子是多么厚颜无耻！群众又是多么愚昧无知！怎么！这是比埃

① 这里指1851年12月2日的政变。这个“人”指马志尼。

尔·勒鲁[1]、路易·勃朗和卡贝[2]使得1851年的战斗遭到失败的呵！如果在涅夫勒、阿利埃、索恩-罗瓦尔、汝拉、德龙、阿尔代希、瓦尔、埃罗、加尔、惹尔、洛特-加隆等等各省，成千武装的群众看见一顶宪兵的三角帽或者一顶别动队员的军帽就逃跑了，难道这是社会主义的错误吗？这是多么大的讽刺啊！他居然这样在全欧洲面前说这句话而不受惩罚！这件事犯罪的是原告，光荣的是被告！是社会主义把人民发动起来的；是这些政治领袖不懂得发挥人民群众的作用。赖德律-洛兰之类的先生们在十二天的殊死斗争中在伦敦、瑞士和其他地方作了些什么呢？他们为什么不奔赴战场，用他们的名誉和极大的声望使力量的对比有利于人民呢？他们投入战斗本来会使这些被抛弃的、没有领导的群众联合起来，鼓舞群众的勇气，瓦解敌人，取得胜利。但他们不这样做！这些先生们以真正有继承王位的合法权利的王子身份，在伦敦大模大样地等待没有他们参加的胜利者即人民恭敬地把自己的胜利和权力献在他们尊严的脚下。社会主义完成了它的任务和使命，而他们这些人却没有尽到他们的责任。如果那时出乎意外地有一个坚强的领袖能够支持群众，组织群众，领导群众打击敌人，难道人们还出乎意

① 皮埃尔·勒鲁(Pierre Leroux，1797—1871年)，空想社会主义者。在三十年代初，他是圣西门主义者，以后他创立了自己的理论，他要调和社会主义和他发明的"人道主义"的宗教。1848年，他当选为制宪议会议员，后又当选为立法议会议员。他强烈地批评现在的社会制度，但在革命中没有大的政治影响。

② 埃蒂耶纳·卡贝(Etienne Cabet，1788—1856年)，空想共产主义的主要代表人物之一，在《伊加利亚游记》(1840年)中，他阐明了他对共产主义社会组织的想法。卡贝在工人和手工业者中享有一定的声望。他在美洲得克萨斯州组织了一个共产主义新村，把它叫做"伊加利亚"。他的这个事业遭到了失败。卡贝反对采取革命斗争的手段。

外地问他的意见上的出入吗?

*　　　*　　　*

这个马志尼的言论多么荒谬!十二月运动的失败纯粹是由于军事原因。要进行战斗的时候,还没有将军和士兵,只有一些惊慌失措的乌合之众。像你所说,到处看到的,只是懦弱、犹豫、恐怖、无能和无知。各派的领袖认为他们与这次失败没有关系。马志尼可能会坚持说,起义者在这次战斗中表现的狼狈相是由社会主义学说的本质决定的,人们是不能从解决吃饭问题的宗教里,从物质福利的学说和利己欲望的学说中汲取到忠诚和勇气云云。但是首先,没有社会主义,任何人都一点发动不起来,知道这一点,问题就简单得多了。马志尼忘记了,今天除了社会主义思想的影响之外,世界上没有任何影响能够使无产者举起他们的手臂,他忘了宗教狂热的时代已经过去,人们不再能用空洞的公式,不可理解的奇迹和教条来发动人民了。简直可以说,马志尼还惋惜迷信和愚昧的时代,因为那时无知的群众只要听了一个教士的话就会为耶稣和圣母的荣誉去杀害他们的同胞……

*　　　*　　　*

你已经察觉到我的思想和马志尼的思想最少相似之处,我感到不足为奇。首先,马志尼除了要求意大利的独立和优势之外,没有任何其他革命思想,除了意大利的独立和霸权,他什么都不要。我要问你,如果意大利独立而不同时建立平等博爱的制度,那么它的独立与我们有什么关系呢?平等博爱的制度才是我们唯一的信仰呵!

……这个人企图利用我们来反对我们自己;他不仅是我们祖

国的敌人,而且还是我们的信念,我们社会信仰的敌人。他准备在他的国家里建立资产阶级剥削,这种剥削与二十二年来激起了我们的愤怒和武装斗争的资产阶级剥削相似。你可能认为我在诽谤他。那你就去读一读他的箴言,在他的箴言中,你什么也找不到,只能找到一些模糊的、空虚的演说,空洞的言辞,没有思想的空谈,毫无意义的、不负任何责任的关于民主的老生常谈,以及没有任何积极思想的有关信仰、忠诚、革命的大话,梯也尔[①]这样的反对派是会赞同这些无聊的演说的。难道还能用这样的大轰大嗡来蛊惑法国的群众吗?感谢上帝,法国的群众已经不再像从前那样了。他们懂得了革命,就像他们必须懂得的那样,也就是马志尼先生所不要的革命。尽管革命一词响彻整个法国,人们也不会再为一些空洞的辞藻而暴动了。只有在革命这个词有了十分积极和十分明确的意义之后革命运动才会开始行动起来。对城堡开火!打倒财主!处死剥削者!这是战斗中团结群众的呼声,这些话,意思就是社会主义。这些呼声使马志尼和他同类的人胆战心惊。你也不要忘记科苏特(Kossuth)在英国对社会主义所作的各种咒骂,当时他和各党各派谈了话,知道了他们的最后意图。科苏特只要匈牙利独立,只要维持他统治的匈牙利的封建贵族制度。请你用我们的原则来评价科苏特的所作所为吧。他会把我们绞死在匈牙利。

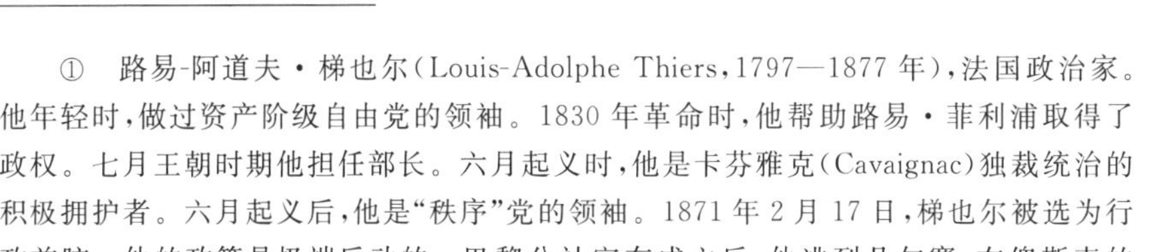

① 路易-阿道夫·梯也尔(Louis-Adolphe Thiers,1797—1877 年),法国政治家。他年轻时,做过资产阶级自由党的领袖。1830 年革命时,他帮助路易·菲利浦取得了政权。七月王朝时期他担任部长。六月起义时,他是卡芬雅克(Cavaignac)独裁统治的积极拥护者。六月起义后,他是“秩序”党的领袖。1871 年 2 月 17 日,梯也尔被选为行政首脑。他的政策是极端反动的。巴黎公社宣布成立后,他逃到凡尔赛,在俾斯麦的支持下发动了对革命巴黎的内战。他真无愧于“公社的刽子手”这个绰号。

法国早已远远超过欧洲其他国家，她跨过了我们邻国还没有经历的阶段。革命和革命者一词，在我们嘴里和在大多数外国人嘴里意义并不一样，几乎所有的人都参加了资产阶级反对国王、贵族和教士的战争。而有些人，匈牙利人、波兰人还只是一些正在为他们的民族反对外国征服者而斗争的贵族。在我们的国家里，僧侣和贵族几乎都被打倒，并且不得不和资产阶级勾结起来进行反对无产阶级的共同战争。国王、贵族、教士和资产阶级联合起来反对劳动人民。在最近一次起义中，波拿巴到处有资产阶级作为他的援军。若没有这些援军，波拿巴本来会失败的[①]。毫无疑问有许多资产者在人民的队伍里，但那是一些例外。这些例外是合乎规律的。金融家、大商人、地主、律师，他们到处大举反对革命运动。有人说，今天资产阶级正在向政府开火，但这不是为了博取我们的欢欣，而是为了波旁王朝遗老遗少们的利益。

马志尼疯狂地痛骂社会主义理论中的唯物主义，咒骂宣扬唤起个人利益的欲望；他攻击物质福利的理论，说这个理论会使人堕落腐化，道德败坏。你没有看到这完全是反革命的叫嚣吗？如果革命不改善群众的命运，那么革命是什么呢？这些对利益论的谩骂是多么愚蠢！一个人的利益不算什么，一个民族的利益应该提到原则高度；而全人类的利益则成了一种信仰。

难道人民不是永远为利益，而是为了其他东西行动的吗？呼吁自由同样是利己主义的呼吁，因为自由是一种物质福利，而奴役是一种痛苦。为面包而斗争，换句话说，为孩子们的生活而斗争，

① 布朗基在这里指的是1851年12月2日以后，在法国某些地区爆发的起义。

是比为自由而斗争更加神圣的事情。何况,这两种利益是难分彼此的,实际上是一个利益。饥饿就是奴役。试问,由于贫困而沦为受厂商和地主剥削的牛马般的工人和农民,他们是自由的吗?你不妨去和这些不幸的人谈谈自由吧。他们会回答你说:“自由,那就是桌上要有面包。”我们对他们说:“自由就是福利!”难道我们说错了吗?我们既不是在向黑奴说话,也不是在向斯巴达克[①]的伙伴们说话,而我们是在向身受奴役痛苦而表面上却有自由的奴隶说话。应该让他们用手指去触摸伤疤,给他们指出问题的症结,以便他们能用利剑剜掉疮伤。马志尼可以任意谴责我们为食欲而起义。从来就没有过其他目的。但人们会说,宗教狂热难道不是一个崇高无私的动力吗?十字军曾为永生而战,永生其实是最贪婪的欲望。

……再谈,我亲爱的公民,你愿意听听我的意见,我已经坦率地向你谈了我的看法,虽然说得长了一些。对附和马志尼越使我感到遗憾我越少隐讳。我对你说,你其实并不站在他一边,你和他差得远。你把他的不是以为是,把一些不属于你的形容词套在你自己身上。你是一个“革命的社会主义者”;一个人不可能是“革命者”而不是“社会主义者”,反之也一样。然而有一些“和平的社会主义者”,关在书房里的个性温和的人,他们在战斗和暴动中茫然失措,他们只就思想而言是革命的。一般说来,各派的领袖都是这

① 斯巴达克,古罗马的奴隶领袖,曾起义反抗罗马军团,于公元前 71 年被杀死。——译者

一类型的人,但他们并不因此而为革命少做工作。我们只采纳他们的意见,抛下他们的习气。至于实际的社会主义,它不是任何特殊宗派,也不是任何教会。社会主义吸取各种制度中适合于它的东西,并不过分迷信某个派别,而且要推翻现状,绝不轻率从事,也不搞阴谋诡计,而是要坚决根据既定的原则,在新的基础上建设未来,而新基础则将由开明的、发达的、坚定不移的社会主义按照各种情况来提供。

你和我还有千分之九百九十九的社会主义者,工人和农民都是这一个类型的人,但和山岳党人不同,他们完全是用另一种劈柴取暖的人,他们像赖德律-洛兰一样自称为"革命的共和党人"。

四年来,他们已经表示了他们能做什么。我知道他们要的仅仅是:重复二月骗局,没有更多的要求;他们要做每天赚二十五法郎的议员,每日赚四十法郎的省长,或者他们喜欢穿法官的礼服,戴将军的肩章,而特别是喜欢在薪俸单上签名。如果这些阴谋家能够再一次重演二月的骗局,那么这次我们将会完全失败。这个新的失败会把沙皇尼古拉引到巴黎来。我们还能活着的人只好到美洲去。但是下一次革命,我相信农民们会用计谋来反对这些阴谋家。这些阴谋家完全料想到会如此,因此他们害怕了。害怕,这就是他们最近几年为什么这样行动的关键。山岳党和《新闻报》都极端害怕"平民"。一想到革命巷战的前景总使他们战栗。在5月31日,他们的行为可以概括为两句话:胆小懦弱、背信弃义!他们在胜利中和失败中都感到腹背受敌,进退维谷。他们非常善于使用各种阴谋,躲避风暴,保住他们的二十五法郎。

得了,该停笔了。再一次向你问好。并致

兄弟般的敬礼。

三、《社会批判》[①]

（一）高利贷

牺牲个人的独立自主是劳动分工强加于人的结果，这是野蛮的行为吗？不！任何人都不能同意这是野蛮的行为。在个人的自由感中有一种极其顽强的享乐兴趣，以致任何人都不愿意牺牲个人自由，去换取文明的金锁链。

野蛮人清楚地看到欧洲人企图使他们驯服。穷人一边用裹尸布把自己裹起来，一边痛哭失去了的自由，宁死也不愿做奴隶。穷奢极侈使我们如此眼花缭乱，但却不能诱惑这些穷人。这种奢侈超出了他们的思想范畴和需要水平，扰乱了他们的生活。他们仅仅感觉到这种奢侈像一些仇人的怪物，这些怪物把一把尖刀刺进了他们的肉体和心灵。在美洲荒野或太平洋荒岛上受到过我们突然侵入的不幸的部族经过这种致命的接触不久就会消灭。

将近四个世纪以来，我们可憎的种族无情地毁灭了他们所遇到的一切：人、动物、植物、矿物。鲸鱼受到盲目的追捕结果也要消

---

① 《社会批判》，布朗基著作的两卷集，1885年阿尔干版。这本书里包括了许多有关政治问题、社会问题的文章以及各种题材的笔记。

灭。金鸡纳树林一个接着一个被破坏。斧头砍掉森林，谁也不再从事种植。人们很少关心后代的疾苦。由于严重地忽视采掘方法，煤层也很马虎地被糟蹋了。

一些人突然出现了，他们唯一的面貌使我们知道了我们人类原始时代居住在地球上的状况。我们哪怕只是为了科学研究，也必须子孙般地注意保存这些我们祖先的残存的遗体，原始时代的珍贵标本。我们曾经谋杀过这些人，强大的基督教国家都竞相毁灭了他们。

我们将在历史面前对这场屠杀负责。不久，历史将根据比我们高尚得多的道德极其激烈地谴责我们的罪行。对仇恨和诅咒那借口宣教而杀害这些手无寸铁的人的基督教，对仇恨和诅咒屠杀和毒害他们的重商主义，对仇恨和诅咒那些对这场垂死挣扎采取冷眼旁观的国家，我们都是很不够的。

这些不幸的人不能与我们同化，这难道是他们的过错吗？人类从幼年到成年不知不觉地要经过无数的演变阶段。在这两个时代之间相隔了几千万年。如果不是这些只是破坏性而绝不是建设性的灾难的话，在人类和自然界什么都不会产生。

一切革命，从外表来看都是突如其来的，而它们本身却是像蛹那样自己蜕变出来的。它们已在破裂的外壳中慢慢地成长起来。人们看到的革命总是自发的，它与征服完全不同，征服是外部力量的野蛮侵犯，这种侵犯只有破坏扰乱，而没有改进。一个种族，一个部族的自然演变却大不相同。自然演变像一棵植物的生长一样，要经过一定的阶段，感觉不到什么骚扰。

劳动分工制度只有经过了一系列漫长岁月的变革之后，才能代替个体的分散劳动。在这条道路上每前进一步都像人们所期待和渴望的胜利那样受到人们的热烈欢迎。因此这个变革是经过世世代代的漫长时间逐步进行的，它既不伤害人们的风俗、习惯，甚至也不伤害人们固有的成见。

从个体分散劳动发展到劳动分工，毫无疑问是一个有决定意义的进步……但是代价呢？完全放弃个人独立自主；在团结的外表下互相奴役；协作关系的紧密甚至达到束缚的程度。从此以后，谁都不能自给自足了。他的生存要靠他的同类的恩赐。他不得不等待他的同类每天给他所需要的口粮和几乎一切生活必需品。因为一个人只能从事单一的劳动。劳动产品的质量取决于奴役的条件，随着劳动工具的不断完善，劳动分工更加明细，人就更牢固地固定在他的职业上了。

我们知道今天的产品是如何得来的。有一些人花费了整整一生的时间去磨针尖和别针头。

当然，这种情况产生了公民相互之间的迫切义务。每个人既然都注定要从事一种简单工作，他所生产的全部产品对他自己来说几乎都是没有用的。这种极少量的产品只对一群其他人有用。这些产品的所有消费者又应该供给为他们劳动的人的需要。

从这时起，社会就建立在交换的基础上了。规定交换条件的法律应该是互助的、绝对公正的。因为这个相互援助是当前全体人以及每个人的生死攸关的问题。原始社会所需的消费品的数量非常有限，而且都是绝对必需品，如果那时实物交换能满足社会的需求的话，那么，在工业发达、产品丰富的条件下，这种交换就变成完全不可能了。

因此，需要有一个不可缺少的媒介。贵金属的特性早就引起了人们的注意。因为货币的起源可以上溯到远古时代。人们假定货币大约是在青铜器时代产生的。而且，什么时代产生并没有任何重大的经济意义，它只和考古学有关。和我们有关的只是很久以来所取得的经验，这一经验是硬币的服务是以巨大代价换来的。硬币造成了高利贷，造成了资本主义剥削和它的一切罪恶后果，那就是不平等和贫困。只有上帝的观念才能和货币在罪恶方面见高低。

货币还可能产生其他的结果吗？当货币产生之日人们就有了两种使用这种交换手段的方法：博爱，自私。公正本来可以迅速地导致完整的协作。掠夺的思想却不断地造成了一系列灾难。这些灾难贯穿在整个人类历史中。在这两条道路中间，连一条小径都没有。因为，维持个人主义制度，诚实的等价交换，贷款不收一分利息，使得人类安定下来，假若这种公平交换至今还保存着，那也会带来同样的结果。

复杂的生产，需要大量器材和劳动工具，人们为了进行复杂生产会感到有必要把他们的力量组织起来。这样假设是可以容许的。当简单的工具还能使生产者通过交换得到劳动和生活所需的一切东西的时候，他们就会停留在原阶段上。但人是天生的革新者。不久，日益发展的生产需要会使个体劳动组织起来，而且只要劳动者能获得他们劳动创造的全部成果，普遍的繁荣可能会取得迅速的发展。随之而来的是人口不断增长，财富日益增多，文化进一步发达，各个团体之间的联系日益密切，最后会迅速形成一个没有专制、没有束缚、没有任何压迫的全面协作。

贪婪使这一美梦破灭了。资本是由个人独占积累起来，而不是由协作积累起来的，这种积累不利于群众，只有利于少数人。

说实在的，这种博爱的美梦在过去难道不是一个幻想，一个乌托邦吗？在忠诚和叛逆之间，黑暗和野蛮的时代，难道不知道何去何从吗？他们只知道权力，不知道其他的法律，只知道胜利，不知道其他的道德。贪婪人几乎毕生从事残酷无情的剥削。高利贷变成了普遍的灾难。

高利贷的由来，在过去的黑暗中无法查明。这种掠夺形式不可能出现在使用货币之前。实物交换不容许掠夺，即使有劳动分工也不会发生掠夺。当然当时毫无文字记载，否则可以保存高利贷这一重大革新的确切记录。而传统也说不出高利贷的根源。

高利贷是件坏事，但并不是必然的，否则就会是放肆的宿命论了，不过它是不可避免的。啊！如果交换手段自开始就产生了公正的后果，如果它没有被歪曲或被引入歧途的话，多好！……是的，但假设……永远是一件愚蠢的事！使现在变成反对过去的讽刺文章，它的荒谬程度并不亚于使过去变成规律，或者更确切地说，使将来变成常规。正如把过去当成未来的规律，或当做未来必经之途一样荒谬。

每一个时代都有它独特的组织机构和生活方式，它们构成了人类历史的一部分。这绝不是宿命论。因为时代的智慧或荒唐会反映在人类的健康上。不过人类是复杂的生物，它总是能够从疾病中恢复健康的。只要在医院里躺上几千年病就好了。但是个人却有死亡的危险。

如果因为人类可悲地滥用了交换手段而不感到遗憾，这是懒散而可笑的。唉！应该承认这个弊端吗？宣扬忍受苦难的空论家基督教徒说：这是大利中的小弊，这是赎罪。这是用谋财来代替害命……这是一个进步。金钱皇帝陛下的王朝开始了。它要长期巧立名目，横征暴敛。金钱皇帝的王朝几乎统治了整个人类生存时期，尽管君主专制倒了，民主共和垮了，一个民族完了，甚至一个种族消灭了，而金钱王朝却仍然屹立不动，不可摧毁。

今天，金钱皇帝的王朝破天荒第一次受到了它的牺牲者的反抗。但是这个古老而强大的皇帝拥有的奴仆比他的敌人还要多。吹捧他的人提着香炉和奏着器乐成群结队地去救他，他们一边喊，一边唱“和散那[①]！光荣属于金牛，富饶之父！”深刻地分析一下就能揭穿这些颂歌，剥掉这个皇帝的金钱画皮，使他的原形毕露，他原来只是一个扒手。

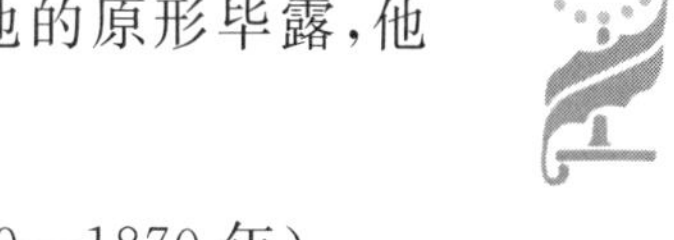

(1869—1870年)

(二)共产主义——未来的社会

仔细地研究一下地理和历史，就会发现人类开始是孤立生活，绝对个人主义的，经过长期的一系列的改进之后，人类最终会达到共产社会。

用实验方法可以证明这条真理，实验方法今天是唯一有价值的，因为这种方法建立了科学。

① 和散那(Hosannah)，赞美上帝之词，见《圣经》，马太福音21章，9、15等节。——译者

对一系列事实的观察和从事实中得出的不可辩驳的推论，一步一步地证明了人类历史发展的这一不变的进程。人们将清楚地看到任何进步都是共产主义的一次胜利，任何倒退都是共产主义的一次失败，又可以看到共产主义的发展和文明的发展是并行不悖的，这两个观念是统一的；人类的需求在历史上相继提出的全部问题都有一个共产主义的解决办法，而今天悬而未决的问题，虽然如此困难，如此充满混乱和斗争，也不可能有其他的解决办法，如果我们不愿意把罪恶加深，不愿堕落到荒谬的程度的话。

一切税收制度的改革，用专卖局代替包税制度、邮电业务、烟草税和食盐税，这些都是共产主义的革新。工商业公司各种性质的相互保险，乃至印章，这一切都同样是共产主义的革新。军队、学校、监狱、兵营，也是共产主义的萌芽，虽然它们比较粗糙、残酷，但却是不可避免的。任何东西都不能走出这条道路之外。捐税、政府本身，都是共产主义的一部分，当然是最低级的共产主义，但也是绝对必需的低级共产主义。共产这个观念还只刚刚说了它的第一个字。等说出最后一个字时，这个观念的面貌可能完全改变了。我们现在还只是一些野蛮人。

看看现存制度的结果吧！低廉的价格和随之而来的商品的丰富被看成是灾祸，这场灾祸使生产者破产，使工商业陷于绝境。政治经济学用一些定义公开地把这种渎神的事固定了下来。政治经济学把“效用”称为自然财富，把“价值”称为社会财富。然而“效用”就是极大丰富，而价值却是稀少。使用价值越大，市场价格就越低。啊！真是荒谬绝伦！事物本身是一件好事怎么会变成一场灾难呢？这是由于资本的贪得无厌，要求最大的利润，一旦价格不能给它最大利润的时候，资本就被抽回去了。资本被抽回，产品的价格就提高，资本又回来浑水摸鱼，从中取利。

荷兰人为了维持市场的高价，在他们亚洲的殖民地禁止种植胡椒、肉豆蔻等植物，并销毁了大量调味香料。在所有文明国家里，每个生产者都希望他所生产的产品价格高，而其他的产品价格低。面粉价格低廉使农民不高兴；面粉价格高涨，又使工业家失望。这个经常存在的社会矛盾不是对现存的社会组织的一个严厉控诉吗？

在公有制度下，好事对一切人都有利，坏事对任何人都不利。丰收是幸福，歉收是灾难。损害他人的事对任何人都没有好处，有利于他人的事对任何人都没有坏处。一切事物都按照规律公平合理地发展。存货极大丰富原来就不会引起工商业的危机。正相反，贮存产品在今天不造成灾难是不可能的，在那时产品的累积只会受到自然耗损的限制。

那些最有害的植物经常占据土地从而损害了最有益的作物的生长。窥伺时机、追求利润的资本主义抓住了协作这个工具，并把这个有力的进步工具变成了他们手中的一支真正的夏斯波枪。资本主义利用这支枪来消灭中小工商业。

这些可怜的人们在黑暗中无声无息地消失了，既不发声也不争吵。我们什么也看不见，什么也听不到。他们就此销声匿迹了。这完全不同于1848年造成的盲目愤怒和无情报复的暴动。商人们可以在有闲的时候想想拉芳登的寓言，可见翻腾的急流并不害人，而平静的小河却在无声地吞噬着人。一个人走过急流把脚稍许弄湿一点；要过小河却会淹死在深水处。

在中小资产阶级破产的废墟上建立起来的比旧贵族制度更巧妙、更可怕的金融、工业和商业三个封建制度，把整个社会踩在他们的脚下；狡猾代替了暴力，扒手代替了拦路大盗。

有人写道，过去时代在消亡之前，会用杀死它自己的同样武器作最后的反击。在反击的时候，它用自己的手给自己带来了致命的创伤。为资本服务的协作就这样变成了使资本不能长期经受下去的祸害。这是协作这一光荣原则的优越性，它只能做好事。对于坏事它是维卡杀虫剂。臭虫接触到它便会中毒而死。

当社会演变来到时，大家都赶去支援，帮助婴儿诞生。快要消耗到接近死亡的力量，不知不觉地也把自己最后的力量参加进去。于是我们参加了一场奇怪的演出。共产社会的预演在我们眼前展开了。

每时每刻都得到新的应用，并努力使各种利益逐渐联合的互相协作原则是什么呢？这是将要发生的变革的一个方面。协作这个时代的宠儿，全世界的万应药，人们对它齐声歌颂，没有一声反对，如果这不是同时通向共产主义的康庄大道和它的最后胜利，那又是什么呢？

但是绝对不应该抱一丁点幻想。只要绝大多数人还处于愚昧无知的状态，就绝不能说共产主义已经取得了最后胜利。与其说没有知识的共产社会会在大地上实现，还不如说月亮会降临到我们的地球上来，因为知识是共产社会不可缺少的因素。教育是共产社会的空气和工具，要求建立没有教育的共产社会，就如同要求我们在真空中进行轻松的呼吸一样困难。教育和共产主义之间的关系是如此紧密，以致其中的一个缺少了另一个就既不能前进一步，也不能后退一步。在人世间它们经常是结伴同行的，直到它们共同的旅程结束为止，它们之间甚至连一步的距离也不会有。

无知和共产社会是不相容的。没有共产社会的普遍教育和没有普遍教育的共产社会都是同样不可能的。共产社会的人，就是一个人们既欺骗不了又奴役不了的人。然而，一切愚昧无知的人都是容易受骗的人又是欺骗的工具，是奴隶又是被奴役的工具……

如果有一个人竟敢在广大群众集会上说："如果社会由善良但又是无知的工人生产者组成，它虽然会受到暴政的剥削，但它还能生存下去。如果社会由完全不从事生产的学者组成，它就不能生存下去。"这种人不是伪善者，就是丧失理智的人。

同样是这个人，他又说："我们每天看见有些很有教养、很有学识的人，他们却无法谋生。这种脱离劳动阶级到了反常地步的现象使我非常害怕。"

还是这位装腔作势的演说家，他反对非宗教的免费义务教育，因为它妨害了自由，加重了法规的集中。

这就是教士们的全部祈祷和憎恨，对黑暗的祈祷、对光明的憎恨。政变之后，对这些脱离劳动阶级的人的斗争成了对教师和非宗教学校进行无情打击的联合叫嚣。为了了解僧侣和君主的反动计划，必须读一下这个不幸时代的那些省长的通告。

自由教育将会把全部教育掌握在耶稣会教士的手中。在教会同资本结成同盟的情况下，不可能有任何竞争。只有叛逆才敢支持反对的意见。对完全由学者们组成的社会的诅咒充分暴露了永久保存阶级制度的意图，阶级制度就是一边是从事体力劳动的广大贱民，另一边是有知识的特权阶级，一边是一大批愚民，另一边是一小撮使人变为愚民的人。

认为一个学者组成的国家不能生存而必将因厌倦而饿死，这种看法如果不算是更愚蠢的话，也是太大胆了。当代任何一个民族在生产力方面都不能和一个学者的国家相比，无论是在农业方面还是在工业方面，当代任何一个民族和学者的国家之间的距离比恺撒时代的高卢人和 1870 年的法兰西人之间的距离还要大。

如果还能举行群众集会的话，让群众集会提防耶稣会的间谍吧！耶稣会的策略是派人混进所有俱乐部里去，其目的是为了避免讨论不利于教士们的问题，这些间谍戴上各种假面具以假象出现。教会所注意的就是自由教育，就是怀疑科学和学者，就是对脱离劳动阶级的人，换句话说，对有学问的人和穷人作斗争。

谁要在自由和节约的借口下反对免费义务教育而要求自由教育，谁就是耶稣会的代理人。尽管他自称是一个共和党人或是一个革命者，是无神论者或是唯物主义者，是社会主义者或是共产主义者，或是蒲鲁东主义者，他们所要求的一切，无论他们的假面具是什么颜色，这没有多大关系，人们不要害怕说错，可以说他们是耶稣会的走狗。实际上良知给人指出，既无国家干预又不是免费的自由教育，是通过金钱万能的作用使教育垄断在教士们的手中。

然而教士们的教育就意味着黑暗和压迫。一支拥有十万男女士兵的黑色大军，到处疯狂地贩卖黑暗，扑灭光明。这支依仗着国家势力的队伍正在进行统治、支配、威胁和压迫。一切非宗教的势力都唯他们之命是听，资本为他们花费一切资财，知道他们是最好的助手，甚至是最后的救命稻草。

今天，谁还看不出这个危险呢？所有各种色彩的民主政治都毫无区别地揭露这个危险。祈求唯一的良药——教育。民主政治在其他方面存在着分歧，但在这点上，却是完全一致的。所有的人都发出了同样的呼声："要求光明！要求知识！不能再受教权主义的愚弄了！"

一切呼吁都是徒然的！政府对此置若罔闻，并且疯狂地加速扩大耶稣会的影响来作为回答。每年都有上百个非教会学校关门，却新办了更多的教会学校。如果拿1870年来和1848年相比，人们将看到二十五年前，女孩子有一半受教会教育，一半受非教会教育，而今天几乎只有六分之一的女孩子受非教会的教育；受教士教育毒害的男孩子数字从百分之十七增长为百分之五十，男女受害的人数在可怕地继续增长。普遍的愚民计划正在毫不放松地加以贯彻。这个计划能实现吗？

不能！但它把幸福日子的来临推迟了多么久啊！多么令人懊丧的竞争和贫困啊！年复一年单调地白费过去了，一代一代都被迷信和无知这个怪物吞噬了。这个怪物站在那儿，挡住人类向乐园前进的去路，使人类看到在远处的乐园成了可望而不可即的地方。

和这样一个敌人还需要斗争多久呢？这个敌人从不饶人，而我们在把他打倒之后，总是饶了他。唉！如果革命在1830年和1848年都完全尽到责任的话，那么可悲地浪费了的这半个世纪的时间，本来是足以达到这个目的的。斗争本来可以结束了，各族人民在把过去抛在后面，使它迅速地埋葬在黑暗之中的同时大踏步向越来越光明的前途迈进。

革命在下一次胜利时，是否会变得更加明智呢？是否会再一次饶恕这个每次失败之后直至现在都让它再站起来的、比以前更加可怕的魔鬼呢？我们队伍中有一些叛徒，他们在魔鬼失败时，运用一些玄妙的辞藻欺骗人民，包庇恶魔。他们下一次叛变的口号是："取消教会的预算，政教分离。"实际的意思是说：天主教的胜利，革命的失败。我们自己的箴言应该是："取消教会，驱除僧侣！"无论在敌人的祈求、威胁和阴谋诡计面前，我们都绝不让步！

让步就是灭亡。胜利的共和国将不能浪费时间去进行不必要的斗争。需要守几年的战壕来加以克服的障碍太多了，因此对一个可以跨过去的篱笆不能以采取正规进攻来取乐。军队、法官、基督教、政治组织，所有这些都是普通的篱笆。而愚昧无知却是一个可怕的堡垒。铲除篱笆只需要一天的时间，但摧毁堡垒却需要二十年。

篱笆将妨碍我们的包围战；必须铲除这些障碍。但还要很长的时间，因为共产社会只能在摧毁了旧堡垒的基础上才能建立，因此不能期望明天就能建成。去月球上旅行将是危险较小的梦想。然而，这是迫不及待的梦想，唉！太合理啦，这个美梦在人们精神状态还没有转变之前，是不可能实现的。要想跑到时间前面，即使整个法国都有这种意愿也做不到，这种企图结果只能失败，失败是极端反动的标志。

所有的组织都有它存在的条件。没有这些条件，它们就不能生存下去。共产社会不能自己产生出来，因为它是教育的结果，而教育更不能自己产生。我们不要忘记吸血鬼这个种族亦是变色龙的种族。革命的第二天，这个种族不会消失，正像平常供他们鱼肉的、天真、老实人也不会立即消失一样。

衣服很快会被翻过来[1]，人们将会看到像雨后春笋一般从地下涌现出大批走江湖的共产主义者，他们会把男人整编起来，还有大批共产社会的伪君子，他们会用甜言蜜语欺骗妇女。阴谋必然会给他们带来的奖品就是管理权，换句话说，就是可以任意处理公共财富。广大无知的群众将变成他们的牺牲品和他们的军队……完全和今天一样，只是结果更加可怕：这种反革命暴政和无政府状态的混乱，会像晴天霹雳似的来到，不是统治一天，而是要在人们难于解除的记忆的恐怖之下，统治漫长的岁月，这是一次可怕的倒退啊！

设想一个社会只要翻一个筋斗，又回到原来的地方，新的社会就会建成，这难道一点都不是疯狂吗？不对！不论在人世间还是在自然界，事物都不会如此发展的。

共产社会和它的伙伴又是它的指路人——教育，是一步一步地、平行地向前发展，共产社会既不跑在教育前面，也不落在教育后面，永远和它并肩前进。等到教育普及，没有一个人会受另一个人欺骗，那时共产社会才算功德圆满。到了那一天，任何人都不愿忍受财富的不平等。只有共产主义才能满足这个条件……

有人可能会反驳，说教育的平等并不能造成智力的平等，因此脑力的不平等是永远存在的，并且会形成一个智力的等级社会，上到天才，下到无用的人。

① 这是布朗基用借喻的手法指出那些攻击过共产主义的人们将会摇身一变而为江湖共产主义者。——译者

同意。不过完整的教育，对于一个最简单的头脑也将是一副足以抵制欺骗的胄甲，无论欺骗戴着什么样的假面具。经验已经证明了这一点。剥削者会在每个人的脸上看到一副识破了欺骗的笑容，笑容的意思是说："骗子，去你的吧！"这种无法施展欺骗的信念会使他们去避免忧伤。其次秩序绝不是一朝一夕建立的。吸血鬼也会有时间慢慢适应和习惯新环境。在新环境中人们不要搞错，博爱就是不可杀害自己的兄弟。

人类最有用的能力，最卓越的保护能力——判断力，它能从内外来保卫我们，既能反对别人又能反对自己，这种判断力今天太稀罕了，但是，通过完整的教育，却会取得惊人的飞跃，这种飞跃会使判断力成为新社会的武器。判断力是经验和对比的结果，它将从经验和对比中得到前所未知的力量。那时狡猾就将完蛋，毫不容情的明智会揭穿阴谋诡计的最后伪装。人类不会再分成欺骗者和被欺骗者两大类了。

盲从已经到处受到猛烈攻击。这种黑暗的习惯势力还禁锢着儿童和妇女。男人都抛弃这种势力。禁锢孩子却失掉了成年人！孩子总是具有白纸般的优越性，白纸上很容易留下不可磨灭的印象，以后再要把这些印象磨灭，换上……这是多么艰巨的工作啊！这是不可撤销的判决！但愿执行的时间短一些！

天才将仍然是一个例外。判断力将成为共同的特性。判断力足以把目前统治世界的女王的虚伪永远推翻。虚伪的感情，虚伪的坦白，虚伪的温顺，虚伪的忠诚，虚伪的亲切，虚伪的直率，虚伪的武士身价，虚伪的道德，虚伪的好心，虚伪的善意，虚伪的朋友们，可恨的瘟神们，你们立刻就要被揭穿，受到喝倒彩声的反对和嘲笑，就是宗教上最阴险的伪善，也只将成为历史上的回忆，引起惊愕和恐怖的回忆。

所有的人都将会有如此锐利的眼光，以致能看清每个人身上的一切优缺点，就像能够看清玻璃瓶里的东西一样。啊！必须一直往前走。否则就要受到嘲笑和大声叫骂。然而，宽宏将是思想的总基础，因为随心所欲的自由受到科学的限制将停止存在。至于罪恶，它将和它的生身父母资本与宗教同归于尽。

根据我们的看法，普及知识的结果就会是如此。应该指出，根据这个预言，共产主义只是一个简单的结果，而不是一个原因。共产主义是普及教育的必然产物，而且也只能从普及教育产生共产主义。

然而，有人责备共产主义是牺牲个人、否定自由的。当然，假如共产主义是在未足月的时候用钳子挟出来的，那么这个可怕的早产儿会吓得人赶快逃跑的。但如果共产主义是科学的产物，谁敢谴责这样一个母亲的婴儿呢？此外，支持发动这种谴责的证据何在？既然被谴责者还未出世，这种谴责就是毫无根据的诬蔑。

这种狂妄的虚构用的是谁的名义呢？是用个人主义的名义，个人主义几千年来一直扼杀着自由和个人。在我们人类中，有多少人没有做过个人主义的奴隶和牺牲者的呢？也许有万分之一。一万个牺牲者和一个刽子手！一万个奴隶和一个暴君！而他们还要用自由来为个人主义进行辩护！我懂得了！某些阴险毒辣手段埋伏在一个定义的后面。寡头政治不是自称为民主，背誓不是自称为诚实，屠杀不是自称为温和吗？

控诉共产主义的自由，我们知道，那就是奴役的自由，无情剥削的自由，豪华生活的自由。正如勒南[①]所说的，这些自由是以广大群众作为垫脚石的。这样的自由，人民称之为压迫和罪恶。人民不愿意再用他们的血肉来哺育这种自由。

道德家和立法者原则上都认为，每个人应该为社会牺牲一部分个人自由，换句话说，就是每个人的自由都要以旁人的自由为限度。由它的两种特权者和贫民形成的当前的等级社会符合这个定义吗？为了一个自由，必须有多少个奴役呢？十个，二十个，六十个，一百个，两千个，三万个，十万个？有无数个价目表，也有无数个使用价目表的办法。唯有枷锁是不变的。

对旁人自由的任何侵犯都违背道德家对自由所下的定义——唯一合法的定义。虽然这个定义永远是一句空话。这个定义意味着人与人之间的社会地位平等，因此得出自由是以平等为限度的结论。

唯有全面的协作才能体现这条至高无上的法律。旧制度却冷酷无情地践踏这一法律。共产主义是保护个人的，而个人主义却消灭个人。对共产主义来说，每一个人都是神圣的。个人主义却不过把人当做地里的一个小虫而已，罗跃拉[②]、恺撒和夏洛克[③]三位一体式的血腥的个人主义用万人塚埋葬了多少人。在血腥屠杀之后，个人主义却冷淡地说："共产社会就是牺牲个人。"

---

① 勒南（Renan，Ernest，1823—1892年），法国作家，著有《科学的前途》、《基督教的起源》、《以色列历史》等书。——译者

② 伊格纳斯·德·罗跃拉（Ignace de Loyola，1491—1556年），西班牙人，1540年成立耶稣会。——译者

③ 夏洛克（Shylock）是莎士比亚喜剧《威尼斯商人》中的财主，贪婪的高利贷者。——译者

共产社会将把吃人肉的筵席搞乱，这是确实无疑的。但是在筵席上被吃的那些人并不会感到这样的捣乱有什么不好，这是主要问题。那么，有什么借口和我们进行争论呢？问题是不是在于我们推论出共产主义势在必行呢？绝对不是，我们仅仅预言共产主义是普及教育的必然结果。谁又能够谴责教育的迅速发展呢？假如教育发展的结果就是共产社会正常地到来，那任何人也没有什么好说的。

每个人都说教育是解决社会问题唯一可能的办法。但是，不能肯定每个人嘴里说的话都是真诚的。这个字的意义是随着提出问题的人的不同而有所不同。有多少派别就有多少定义。对于教士来说，教育是天主教教义，而不是科学，对于社会主义者来说，教育却是科学，而不是天主教教义。

从此，大家一致都说教育可以解决问题，并没有什么可惊奇的。表面的一致，并不能掩盖实质上的生死斗争。人民并没有因此感到不安。因为人民没有不可告人的思想，所以也不必打着假的旗号。他们的旗帜上永远写着：自由、教育，其意义是清楚而明确的。但是，教权主义者正相反，他们长时期咒骂这两个词，后来看到他们自己无能为力，就改变了主张，为了利用这两个词的威信，今天干脆把这两个词贴在他们的旗帜上了。这是加倍可耻的谎言。但是这和他们有什么关系呢？只要他们能骗人就行了！

但愿保守主义预感到知识的传播会导向哪里去。保守主义和扑灭光明的人结盟就使真相大白了。没有无知就没有压迫！保守主义已经连根腐烂，但还竭力延长黑暗统治，因为它只有依靠黑暗才能生存。而社会主义的任务却正相反：它要使从目前的黑暗中出现明朗的天来照亮它的胜利，照亮正义和常识对为非作歹和荒诞无稽的胜利。那时社会主义的使命才算完成。

人们却向社会主义要求更多的东西。过去和现在对人类做了这么多好事的资本主义学说，看到它教出来的学生倒向了另一面旗帜，感到非常痛惜。它关切地要求它年轻的对手共产主义列举详细说明未来组织，解决它可能预见的一切困难，最后要它建造一座大楼来满足它的好奇心，并且要求这座大楼从地窖到顶楼，样样齐全，连一个钉子、一个螺丝也不能缺少。

“新萨兰特[①]的公民将如何安排自己个人的生活、时间、旅行和休息呢？谁洗碗碟？谁扫地？谁倒尿盆，谁装满水桶？谁开采煤矿等等问题。”

对以上这些不相干的问题，只有一个回答：“这些事与你无关，也与我无关。”

啊！什么！这里的四千万到五千万人都样样精通，没有一个科学院士比得上他们，所有的人都武装到牙齿，既能对付暴力，也能对付诡计，所有的人都像含羞草一样敏感，像野马一样多疑。没有任何令人可憎的，并且为人憎恶的、自称为政府的东西，能在他们中间露面；没有一点权威的阴影，没有一点强制的因素，没有一点权势的气息！这四千万精明能干的人，我们当中谁也远远不如他们，难道他们为了组织起来需要我们的建议，需要我们来解决问题，需要我们的监督吗？难道没有我们，他们就不知道在那儿找到

① 萨兰特(Salente)，古意大利的城市，又名大希腊，位于萨兰提纳海角。——译者

衣服和裤子？如果我们没有事先告诉他们用嘴巴吃东西，难道他们还会把食物放到耳朵里去！真够呛。至于我，如果他们再追问我关于倒尿盆的问题，我就要直截了当地向他们说："当你们不会塞住鼻子的时候，那就塞住后头吧。"

在我们的四十个不朽的人后面，如果加上六个零的话，那我们立刻就有了一百万个梯也尔，一百万个奥利维埃[①]，一百万个杜邦路[②]，等等；如果把荒芜的法国交给他们支配的话，难道你认为四千万人都会把时间花在散文和韵文演说上吗？不会这样傻的！首先，需要吃饭，他们绝不会等待一小时之后再动手吃的。

第一次选举的目的自然是劳动分工。由四十个人几乎事先组成的等级制度这个事实，会得到热情的拥护吗？啊！不会！四十个人增加为四千万人之后，不再是天上的星宿了！我相信比如说，梅里美[③]这一流人物不会固执地坚持要洗刷尿盆的特权吧，即使这是些在意大利发现的希腊瓶。这么多的自信者会写颂扬诗这种不可缺少的工作，这个诗容许涉及每一个人和所有的人，诗云：

① 爱米尔·奥利维埃（Emile Ollivier，1825—1913年），政治家，法兰西学院院士。第二帝国初期，他是反对派，属于温和的资产阶级共和党。随着阶级斗争越来越尖锐化，他向波拿巴主义者靠拢，1870年1月2日他担任新内阁的首相。同年夏天，他向普鲁士宣战，按照他自己的说法，当时"心情是轻松的"。战争的困难，奥利维埃内阁显得完全无能应付，在遭到一系列失败后，同年8月9日被推翻了。帝国垮台之后，奥利维埃逃到意大利。他用他的余生来为他的背叛、和他的政策辩白。

② 费利克斯-昂士瓦勒·杜邦路（Félix Antoine Dupanloup，1802—1878年），奥尔良的主教，极端反动分子。1850年他参加了法卢（Falloux）法案的起草工作，这个法案把教育大权交给僧侣。1871年，他被选为国民议会议员。

③ 梅里美（Mérimée，1803—1870年），生于巴黎，法国作家，著有《查理九世的编年史》、《卡门》、《哥仑巴》等历史小说。——译者

这个老得没牙的反动派，从相当糟的作家
光荣地一跃而成了出色的倒尿盆的人。

当人们讨论共产主义时，因为反对者的恐惧使他本能地谈起这件该死的用具来，这是一件有趣的事！“谁将倒尿盆呢”？这永远是第一个呼声。实质上，他所要说的是：“谁将倒我的尿盆呢？”但是他因使用物主代词非常谨慎，却慷慨地把他的惊慌传给后世。

今天的利己主义是肮脏的东西！这是无耻和伪善的混合物！是过去的问题吗？只是一些枯叶！人们把它们当做垫马厩的干草。历史是人们保持着最大的冷静，用粗线条描绘出来的；是用堆积成山的尸体和废墟描绘出来的。任何屠杀都不能使这些无动于衷的人眨眼。屠杀人民，这是人类的进步。野蛮人的侵略，那是把年轻的新鲜血液输进罗马帝国古老的血管。日耳曼人和匈奴人狂暴地侵入拉丁世界，只是为了澄清它腐败了的空气。神圣的风暴！至于风暴所经之处遭受灾难的人民和城市……这是必然的……这是进步发展的必然过程。产生了今天的，也就是说，产生了“我们”的一切都是好的。为了如此美好的成果，预先付出任何代价都不算太大。

可是问题果真在于未来的后代吗？多大的变化啊！狂热代替了冷酷。人们如此对未出世婴儿狂热地宠爱，甚至要立即把他们锁起来，以免他们遭到意外。他们每走一步路、每做一个手势都事先算好，保持平衡，怕他们跌倒。对于这些可怜的小机器人，一切都得像五线谱一样事先规定好，请永勿改变。永远的宗教、永远的王朝、永远的法律，尤其是作为巨大担心和感情付出合法代价的，永远的债务。

喂！善良的人们呵，当你们与你们祖先团叙的时候，人们会重视你们，但不如你们对祖先那么重视。在避免了你们物质躯壳的传染病毒之后，你们工厂制造的弹簧娃娃就会崩断全部弹簧，并对你们的精神躯壳致悼词：

“在人类历史上，你们是霍乱和鼠疫的时代。你们祖先的野蛮和愚蠢是无知造成的错误，是盲目信仰的结果。万恶的利己主义使你们有意识地、明知故犯地做了坏事，因为，你们这些卑鄙的怀疑主义者只考虑自己的利益，从不考虑其他一切，为了你们自己的利益，你们愿意牺牲你们最远房侄子的利益。”

“谁委托你们用我们的名义作出规定，代替我们思想和行动的呢？我们是否曾同意你们对我们的劳动开出支票呢？伪君子！你们借口保证我们的福利，却提前侵吞了我们血汗的果实，你们尽力伤害我们的耳目，不让我们看和听。为什么你们不只管你们自己的事，而让我们管我们自己的事呢？你们每年都有捐税，作为你们的收入和支出。你们应该保持在这个限度之内，做一个规规矩矩的受益者。开支和收益要平衡。我们是在不负债的情况下接受遗产的，谁借的债应该由谁来还。”

“有人说，你们借债的目的是进行有利于子孙后代的工作，因此，子孙后代应该像分享利益一样分担债务。你们为了后代而工作，后代就应该归还债务。——为了后代？伪君子！哪个事业是为了未来的利益而设想的呢？不！现在只想到现在。现在不顾将来，正如不顾过去一样。现在利用过去剥削遗留下来的东西，又想提前利用剥削未来。它说：‘我死后，哪怕洪水滔天！’或者，如果它不这样说，也是这样想的，因此也会这样行动的。你们会节省自然累积起来的财富吗？自然财富绝不是用之不尽的，又不会重新生长的。你们以未被认识的矿层这个未来的矿藏为借口可恶地糟蹋了大量的煤矿。你们在消灭鲸鱼，这也是巨大的资源，对我们的子孙后代而言，它行将消失了。现在你们为了自己的需要或为了任性，就随意进行掠夺和破坏。”

因此，我们还是管今天的事吧。明天不属于我们，与我们没有关系。我们唯一的任务就是为明天的组织工作准备良好的物质条件。其他一切都不属于我们的职权范围。一个下布勒达尼人不能在法兰西学院讲学。如果韦约[①]先生坚持相反意见（因为这是可能的），对这种个人的意图我们就要说："不要班门弄斧！"这个下布勒达尼人或班门弄斧的人所扮演的角色岂不可笑吗？这些自以为问心无愧，能为未来的法典起草一条一条法律的莱峪克斯[②]之流，他们的狂妄自大，岂不该令人钦佩吗？他们似乎害怕这些可怜的未来的子孙不会走路；他们赶忙为这个做一顶防摔帽，给那个做一件防摔衣，给第三个造一座能滚动的阴森的房子，好教他们学会自由走路。

的确，这些子孙后代将对他们祖先的恩赐感恩不尽，对他们善良祖先的热情激动涕零，他们用石头建造了一些社会大厦，为了监禁他们的后代。老的监狱仍然巍然屹立，阴森可怕，墙上有两三个

① 韦约（Veuillot，1813—1883年），法国天主教作家，《寰球报》的发行人。他写过两本书：《巴黎的香水》、《罗马的香味》。他是激进山岳派的积极拥护者。——译者

② 莱峪克斯（Lycurgus），生于公元前9世纪，斯巴达（古希腊）的立法者。传说他制定了改革斯巴达制度的法律。——译者

裂缝，已有几个犯人从这里逃跑。当新的揭发者看到不幸的逃亡者在阳光下快乐地玩耍时，他们就像母鸡看见小鸭走下水一样大惊小怪：

“喂！我的孩子们！你们多么不小心啊！你们在外面会受凉的。赶快回到我为你们修建的宫殿来。人们过去从未见过，将来也不会见到这样好的宫殿呵。”

他们已经是三个或四个摩西，他们保证用石灰和水泥建造一座永恒的大厦，地狱的大门肯定不会比这些以原则做交易的新乐园好的。一个信徒可以自由地穿过迷雾，去寻找从未来的大厦上逃出来的人。这是旅行的正当目的，也是对眼睛很好的锻炼。但是，这样旅行要给我们带来一幅完整的、详细的大厦蓝图，有平面、侧面、高度、详图和正确的部位……不行，我的朋友，把你的蓝图装进你的口袋吧！

如果这些热爱坐牢的人不积极反对古老监狱的破坏者，这种怪癖也不算有罪，因为破坏者拒绝修建新的监狱而使群众流离失所，在一切救世主看来，这都是一件可怕的事。

文明的最高峰必然是共产社会，否认这个明证是很困难的。研究过去和现在，都会证明一切进步都是在这条道路上迈进一步；研究今天一些悬而未决的问题，也不可能找到其他合理的解决。一切都得走向这个结果。这个结果又只能取决于普及教育，因此也得取决于我们的善良意愿。所以，共产主义并不是一个乌托邦。它是正常的发展，和五花八门的空想社会主义体系没有任何血缘关系。

卡贝在《伊加利亚游记》中和建立诺沃[1]的尝试中，恰恰错误地把对未来的合理理想和贩卖次货的空想家毫无根据的幻想混为一谈了。他当然比他的对手遭到了更沉重的失败，因为共产主义是社会发展的必然产物，而不是由一只有两只脚、没有羽毛、没有翅膀的鸟，在人类社会的一个角落里产生和孵化的鸟蛋。

圣西门主义者，傅立叶主义者和实证主义者都向革命宣了战，他们谴责革命是不可救药的否定论。三十年来，他们的说教已向世界宣布毁灭性的时代已告结束，而他们各派救世主的有机时代来临了。这三个派别竞卖膏药，只在咒骂革命者这一点上完全一致，他们抨击革命者是不睁眼看新光明，拒绝倾听生活良言的顽固罪人。

共产主义者从来就是民主主义最勇敢的先锋队，而追求空想者却在所有反动政府面前竞相献媚，用侮辱共和国来乞求政府的恩赐，这一明显的事实就足够说明二者的区别了。因为共产主义是根本，是革命的精髓，而一切新的宗教和旧宗教一样永远是革命的敌人。

谁不知道圣西门主义者今天成了什么了：成了帝国的支柱。人们当然不能谴责他们脱党。他们的学说胜利了：资本至上，银行和大工业成了万能。他们依靠这些统治国家，没有比这更好的了。但是说起来，这些善良的人还曾被当做是危险的革新者呢！

傅立叶主义者十八年来骑在共和党人头上，对路易·菲利普阿谀逢迎，他们在共和国胜利时投靠了共和国，他们本以为会得到

---

① 诺沃（Nauvoo）是1849年卡贝在美国建立的“共产主义者殖民地”。

权势，结果却受到了排斥。他们出乎意外，大为震惊。滑稽的乌托邦在大风暴中消失了。但他们的残余渣滓还混杂在民主人士的队伍里。他们不再有别的希望了。

实证主义这一世纪的第三个空想，以否定一切宗教开始，而以嫁接在天主教讽刺画上的等级制度告终。此外，它自行分裂了。正统派分子们在这位预言家逝世的房间里庄严地做着孔德[①]学派的弥撒。新教徒却用他们一生去否认他们所宣传的教义，或者在宣传他们所否定的教义，随你怎么说都一样。这两派都是同样以害怕打击，尊敬武力，注意避免和失败者接触而引人注目。

孔德晚年致力于歌颂沙皇尼古拉，践踏革命者。他为了博得反动派的欢心，臆想出了一套等级制度。但反动派和沙皇都不屑转过头来看它一眼。

宗派分立论者也曾轰动一时，有点虚幻的影响，因为害怕无神论的人曾经隐蔽在这模棱两可的外衣之下。但是危险一过，这点存在的幻虚就烟消云散了，实证主义者不是变成社会主义的尾巴，就是转移到保守主义的阵营中去。

共产主义本身就是革命，不应该做出乌托邦的姿态，共产主义永远不能和政治分开。以前共产主义是在政治之外的。而今天它却处在政治的最中心。政治不过是共产主义的服务员。为了保持

① 奥古斯特·孔德（August Comte，1798—1857年），哲学家、社会学者。实证主义哲学和社会学的创始人。孔德的历史哲学是唯心主义的。它的基本论点是意识决定世界，改造世界。在他的科学分类中，社会学既然是一门最复杂的科学，所以占了首要地位。在政治方面，孔德的思想体系是反动的，因为他主张在资本主义社会里“调和”阶级矛盾和建立平衡。1848年以前，布朗基曾专心研究过孔德的著作。

政治为它服务，共产主义应该爱惜政治。即使在胜利的前夕或胜利的第二天，都不可能把共产主义突然强加于人。这就等于要去太阳上一样，还没有飞得多高，就会摔在地上，四肢摔断，得在医院里住上好久。

不要忘记这条公理：教育和共产社会是并肩前进的。彼此不能超越一步。全世界都在大声地叫喊只要有连体双生子中的一个就足够了。但是它们中间的任何一个缺少了另一个，都是不可能来的。

的确，这些一致呼吁的言下之意是指教育的定义。但我们已经看到，定义有两个：一个黑的，一个白的。我们不要受骗。圈套都在那里。政府和保守主义只要教士们办的教育，而这就意味着黑暗。他们疯狂地追求这一结果。恺撒、夏洛克和罗跃拉手挽着手去战胜黑暗。他们不可能达到目的，但他们也阻止我们达到目的。

我们和他们这两种敌对力量相持不下。谁也不能前进，谁也不愿后退，都在原地不动。对于我们来说，保持这种局面就是胜利。听命于黑暗势力的有五万个教士，五万个修道士和将近四万个小学教师。因为几乎所有的人今天都屈服于教会。大学完全叛变了。

我们甚至不能指望报纸。反对党报纸走不出城市。农村只有反动落后的报纸，这些报纸用书面的宣传来支持本堂神父、反动分子和大地主的口头宣传，整个都是反对我们的。没有支持我们的。

那么，我们还剩下什么呢？进步在社会情绪中的传播，人与人通过铁路的往来、公众的良知，尤其是我们敌人的表演，这些都是我们最好的辩护。愤怒也许在不断高涨，但这是一种靠不住的力量。今天的愤怒往往变成明天的恐惧。除了教育之外，没有别的牢固的基础，而敌对的力量要使教育瘫痪。我们却在观望等待。

但是革命的第二天，总会出现非常事件。这并不是说革命会造成突然的转变。人和事物依然和昨天一样。唯有希望和恐惧对换了位置。枷锁被打碎了，民族自由了，在民族面前展开了一望无际的广阔天地。

那时我们该怎么办呢？像1848年那样，把换班的新马套在原来的马车上静悄悄地沿着原来的道路前进吗？我们知道这条道路通向何方。相反的，如果常识终于占了上风，那么在这里就看得到肩并肩地开辟出来的两条平行的道路。一条道路一步一步地走向全面普及教育；另一条道路相应的一步步走向共产社会。

在这两条道路上，开始时采取的是同样的措施：消灭一切障碍。这些障碍是人所共知的。这里是黑暗的军队；旁边是资本的阴谋诡计。要把黑暗的军队赶出国境，这是一件简单的工作。然而，资本却不那么容易对付。我们知道它的不变方式：不是逃走就是隐藏起来。然后，资本家站在窗前，心安理得地看着人民在水沟中挣扎。这就是1848年的历史。人们呻吟、哭泣、诅咒，然后被彻底打败，悔恨也来不及，重新带上了枷锁。我们不要再让上述历史重演了。

要防止货币消失是不可能的！不必作此妄想。但是动产，甚至于不动产都是既不能隐藏，又不能逃走的。这就够了。先办最紧急的事。

紧急规定

经济方面

1.命令工商企业主暂时维持企业现状，保持原有工作人员和他们的工资，违抗命令的人给予驱逐出境的处分。国家将和企业主进行商谈，共同作出安排。凡是因反抗命令而被驱逐的老板由政府管理机构代管其企业。

2.召开主管方面的大会来解决海关的问题，矿山和大工业企业的问题，信贷和贸易的问题。

3.大会负责奠定工人协会基础。

给老板下命令，可以防止资本家突然而来的意外反抗。在初期，这一命令是非常重要的。劳动人民可以不用站在水沟里，而是在其他地方等待新的社会措施。

政治方面

取消军队和法官——中级和高级官员立即撤职。暂时留用全部雇员。——驱逐一切黑暗的军队，男的和女的。——一切教会的、公共的、男女宗教团体的，以及用其他名义管理的动产和不动产一律并入国家财产。——对共和国敌人在1848年2月24日以后所干的严重危害国家的罪行进行重新审判。——自即日起废除出卖和抵押从敌人手中夺过来的财产。

改组公务人员。——不要刑法也不要司法官。仲裁人处理民事案件,陪审员处理刑事案件。按照过错的程度由陪审团根据良心定罪,没有硬性规定。——只有各种刑罚的性质是事先规定的。

建立一支国家常备军。——在共和国的工人和人民中实行全民皆兵。

不给敌人以任何自由。

财政方面

公债清册全部作废。——成立委员会制定储蓄银行的规章制度。

用直接税、累进税、遗产税和所得税代替一切直接、间接的捐税。

国民教育

建立小学、中学、大学三级教育机关。

政　　府

巴黎专政

1848 年急忙号召普选是蓄意叛变。人们知道从共和历雾月 18 日以来,由于报纸言论被控制,外省已变成了僧侣、官僚和贵族们的牺牲品。要求这些被奴役的居民进行选举,就是要求他们的主人进行选举。所以善意的共和人士曾要求延期选举,直到通过自由论战,人民完全觉悟时再举行。反动派惊慌恐万状,因为他们肯定立刻选举他们可以获胜,同样地他们也肯定一年之后选举,他们就会遭到失败。临时政府蓄意把它难以容忍的共和国出卖给反动派。

革命的第二天就举行选举，只能有两个同样犯罪的目的：用强制手段来夺取选票；或者恢复君主政体。你们将会说，这是少数派和暴力论者的自白。不！使用恐怖和压制言论而取得的多数，并不是公民的多数，而是一群奴隶。七十年来只听取单方面意见的法庭，是最盲目的法庭。法庭应该亲自去听听七十年来另一方的意见。既然他们双方不能同时进行申辩，就让他们先后申辩。

反动派中的伪善分子预见到事态的发展，就对下面这句有关陈腐道德观的老话大事渲染："各个派别在胜利中仅仅寻求复仇而不寻求自由，这是非常不幸的。"这句老调是不确切的。

1848年，共和人士忘记了五十年来所受的迫害，给了他们的敌人充分而完全的自由。那是庄严而有决定性的时刻。它已经一去不复返了。胜利的人民虽然遭受了长期的残酷迫害，仍然采取主动，作出了榜样。

回答是什么呢？灭绝。这是已经解决了的问题。劳动者敢于自由说话的日子，也就是资本家住嘴的时候。

在48年巴黎专政的一年，本来可以使法国和历史少走二十五年的弯路，这二十五年现在快结束了。如果这次需要巴黎专政十年，那也毫不犹豫。归根结底，巴黎政府是全国选举的国家的政府，是唯一合法的政府。巴黎绝不是局限在本身利益范围内的一个都市，而是一个真正的国家代表。

这样一个代表要懂得把谨慎和力量结合起来，这对于革命的成败有重要的关系。对私有制原则的攻击是无用而危险的。共产主义绝不能靠强迫命令来实现，它应该等待国家自决的来临，而自决只能在知识普及之后才能产生。

愚昧无知是不能在二十四小时之内消失的。它是我们所有敌人中最顽强的一个。也许经过二十年光明的日子还不能来临。觉悟了的工人通过他们亲身经验，已经知道妨碍协作发展的主要因素，甚至可以说唯一的因素是愚昧无知。广大群众不懂得又互不信任。唉！这种不信任太合情理啦。但吸血鬼的种族一直在那里，准备好在新的假面具下重新开始剥削。无知的人，由于模糊的本能使他感觉到这种危险，宁愿做个领工资的普通工人。他们熟知工资的利弊。但复杂的情况唬住了他们。再没有比看不清生死攸关的事情更令人灰心丧气的了。

然而，当政权将为传播知识而工作时，协作明显的优越性会很快呈现在全体工业无产者的眼前，工人们会非常迅速地团结起来。

在农村遇到的困难更加严重。首先，农村茅屋里的农民比城市工厂里的工人更加无知，更加多疑。其次，吸引农民走向协作十分强大的、必要的动力和利益还不存在。农民的劳动工具是坚固而固定的。工业是人为地用资本创造出来的，它好比一只受到惊涛骇浪颠簸、每时每刻都有沉没危险的船。农业拥有脚下的广阔的土地，永远不会沉没。

农民熟悉他们的土地，他们在他们的土地上闭关自守，在那里设防、他们唯一害怕的是土地被人侵占。对他们来说，沉没的危险就是把他们耕种的一小块土地合并到他不知道的、无边无际的土地海洋中去。因此，“分配”土地和“共有”两个词在他们听起来好像是警报。1848 年这些话大大地加深了共和国的灾难，自从三个王国结成新的联盟以来，这些话又被用来反对共和国了。

这并不是要把“共产主义”一词从政治词典中删去的理由。远远不是如此，而是必须使农民习惯于把共产主义理解为是一个希望而不是一个威胁。只要证明共产社会是整个国家的全民协作就够了，而全民协作是部分协作逐步形成的，部分协作又是随着联合组织的不断扩大而成的。在法国领土上已经有了政治协作。为什么经济协作不能随着思想的进步而成为政治协作的自然补充呢？

但是，必须明确宣布不能强迫任何人把田地加入某一个协作组织，而且如果参加协作，必须完全是自觉自愿的。共和国敌人的财产，将根据司法委员会的命令作为罚款予以没收，这丝毫不牵涉到所有权的原则问题。

必须同时宣布这些命令将尊重中、小业主，因为他们的反抗没有多大关系，即使有也不值得予以打击报复。需要立即坚决彻底把贵族和僧侣从我们土地上驱逐出去。走，滚出国境去！

共产主义要多久才能在法国建立起来呢？这是个难题。根据人们目前的思想情况来判断，共产主义不可能在短时期内实现。但没有什么比形势更不可靠的，因为没有一件东西如此变化不定。实现共产主义的最大障碍是愚昧无知，再三重复这点也不算多。在这一点上，巴黎还有幻想。这很简单。人们在光明的中心看不见黑暗的地区。报纸和旅客谈到外省的情况，并没有加以描绘。要想了解黑暗势力，必须深入到黑暗中去。如此浓厚的黑暗势力笼罩着法国，以致似乎不可能冲破。只有一个地方有阳光，某些其他地方刚刚是黎明，或者是有点微微的曙光，其余到处都是黑夜。

因此，对我们来说，要清楚地看到社会问题的解决是不可能的。现实和愿望之间有着如此大的距离，以致在人们的思想上造成了无法逾越的鸿沟。然而，有一个假说给我们一把解决难题的钥匙。假如每个公民都受过中学教育，通过什么方式能建立绝对平等呢？绝对平等就是协调所有人的迫切要求的唯一手段。毫无疑问，只有通过共产主义才能绝对平等。共产主义是一个文化极高和完全平等的社会可能采取的唯一组织形式。

但愿渴望平等是教育的第一个结果，最不可抗拒的结果，为了相信这点，只要用眼睛看看周围，看看自己就行了。在有知识的人之中，如果不是慑于暴力的压制，谁愿意忍受任何欺压呢？压制已养成了人民逆来顺受的习惯。人们甚至不敢想象平等，即使是想，也只是耸耸肩膀，作一个无可奈何的雄辩姿态。

可是这个暴力是什么呢？这就是愚昧无知，由于偶然的机会，听从首先来者的指挥，应征参军、胆战心惊、俯首帖耳，既是暴力的工具同时又是它的牺牲品的愚昧无知。没有愚昧无知的人，没有士兵！这样就消灭了一切统治的力量。那时谁还能够任意支配他的邻人，或者依靠损害他人来生活呢？平等将是第一条法律。博爱和自由，是它天然的、永不可少的伴侣。共产主义肯定是这样一个社会秩序的必然形式，因为根据一般常识来看，只有共产主义才能解决全部经济问题。

这也是为什么共产主义不可能是当前社会形式的原因，共产主义只能和普及教育并存，而我们目前还不能实现普及教育。过早地企图把共产主义种植到不适应的地方只会带来灾难。1848年大多数工人不能接受工资平等，因为工资平等和他们受过的有限教育的确是不相容的。

协作是共产主义的未来母亲，她还只是处在怀孕的初期。协作组织把它的参加者保持在交换制度之下，因此仍然是个人主义性质的制度。任何人都不会同意使这个组织更狭窄的。进行如此深刻变革的条件一点都未成熟。直到今天，共产社会给人们看到的只是协作的、讨厌的表现形式，修道院似的形式。可是共产社会未来的表现形式却是自由。一条道路不论天冷天热，都是干燥而坚硬的。但在冷热之间，有一个熔解的过程。

在巴黎，人们胆敢在群众集会上用谩骂政变的字眼攻击"脱离劳动阶级的人"。人们胆敢说学者社会是没有生命力的，因此人们宁可要一个愚人社会。当一个国家因愚昧无知而被奴役时，却埋怨说有教养的学者太多了，这难道不是人民敌人的语言吗？他们也深深感觉到这一点，因此用恭维辞藻来掩盖他们的策略。他们用阿谀奉承来骗人，向无产阶级宣传双手的灵巧和脑子的智力具有同等价值。忠实于人民大众解放事业的劳动人民完全了解这种称赞所包含的毒素。他们深知体力和技巧并不等于智慧，一个工业品的制造者可能同时是一个盲目的受骗者。

* * *

在原材料的手工操作方面，多少动物如果不比人强，至少也是人的对手啊！有些鸟窝简直是些无法模仿的杰作。哪有比蜜蜂和蜘蛛更高超的工人呢？蜜蜂能按我们永远不能超过的几何的精密度把许许多多六角筒并列起来。蜘蛛无视数学家的科学和纺织工的手艺会在错综复杂的条件下织丝，在各种不同的角落里结网。但它们只是两种普通的昆虫啊！

不！之所以成为人，并不是手工的巧妙而仅仅是人的思想。解放人的工具不是手臂，而是脑袋，而脑袋只有经过教育才能有活力。攻击思想的乳母就是对有思想的人的凌辱，对社会的犯罪。

胃不吃东西会难受，脑子却相反容易习惯饥饿。脑子越饥饿，越没有吃东西的需要。脑子过分饥饿不会引起贪欲，反会引起对食物的厌倦。脑子并不感到饥饿的坏处，甚至还会感到满意，它自愿陶醉在有气无力的昏迷之中。如果胃不吃东西会造成身体的死亡，那么脑子没有知识就会造成精神的死亡。只有一些野蛮的人才能满足于纯粹牲畜般的生活。因此，暴政也知道，只有通过使人的智力萎缩才能从精神上消灭一个民族，并且可以说是把他们排出于人类之外。一个民族能够宽恕压迫者的奴役、监禁、苦刑、贫困、饥饿、一切暴力、一切灾难、一切痛苦，但是永远、永远、永远不能原谅对他们思想的凌辱和对他们智慧的窒息。对这样一种罪行，不能有半点饶恕！

因此，不要去理会那些胡说八道，那些幻想的纲领、词句和形式的争论！人民的得救要依靠教育。知识！知识！这是普遍的呼声。敌人是不要教育的。他们千方百计要使我们退回到任他们践踏的中世纪去。谁不记得1850年蒙塔郎贝尔[①]在立法讲坛上讲过这句名言："对峙着的有两支大军：一支善的大军；一支恶的大军。善的大军是四万个牧师；恶的大军是四万个教师。"

好啊！这两支大军今天合二为一了。蒙塔郎贝尔的号召得到了响应。人们打开政变后的《总汇通报》[②]就可以看到蒙塔郎贝尔的纲领在严格地执行：耶稣会学校到处代替了公立中学；教师像野

① 蒙塔郎贝尔（Montalembert，1810—1870年），政论家和政治家。天主教和社会保守主义的积极维护者。

② 第二帝国时期的官方报纸。

兽一样受到迫害;沦落者受到诅咒,也可以说是对穷人教育的诅咒;小学教育降低到宗教教义教育;在中学里,取消了哲学课,将研究引入歧途,或者更确切地说,扼杀研究;年青一代完全交给了教会;到处都对知识展开殊死的斗争,到处都是资本主义的种子,高声号召教士和黑暗势力去挽救资本万能所面临的危机。

在这些不幸的日子里,眼见着一切邪恶的力量都放出笼来围攻人性,谁能忍住自己的眼泪呢!怎么能不意识到他们的穷凶极恶的罪行呢!啊!如果他们把法国带往很远的地方,带往天涯海角,他们会如何大喜若狂地消灭宣扬人性的全部不朽杰作和印刷文字本身,甚至印刷术的名词呢!

对他们来说不幸的是,如果把居民搬走的话,土地总还在那里;而且因为在文明的世界里,唯有智慧才是真正的力量,所以我们的胜利者将由于他们自己的胜利迅速走向死亡。他们在死亡的威胁下不能不停止前进,因此也不可能彻底消灭大脑的作用。但他们已经造成了多么巨大的破坏啊!而我们所受的苦难还没有到尽头呢。一直拥有最高权力的刺刀—金钱—教会三位一体,只能依靠暴力和愚民来维持。普选成了这三位一体的可怜的奴隶,这个奴隶被宪兵和教士抓着衣领在资本的押送下,在鞭打、脚踢的情况下,前去投票。

这有什么可以惊奇的呢?一个无知的人几乎不能算是一个人,人们可以用缰绳和马刺像驾驭马一样驾驭他。主人唯一关心的就是要他们劳动,要他们屈服。如果你们愿意深刻地了解保守主义的梦想,就得研究一下他们的语言和作品,政变之后,当他们把人民踩在脚下时,他们就揭掉了假面具,以为不必再装模作样了。他们立即封闭了培养大批真正教师的师范学校,还必须看一看这一时期对“培养造反者和毒害青年的学校”的疯狂诬蔑。官方演说、报纸、传道说教,都在竞相宣传平民的子弟只应该学一点宗教教义和一门手艺,其他一切教育都永远是叛乱的根源,公共的灾祸。到处都展开了咒骂教育的活动,因为教育点燃了广大群众的求知欲望,促使他们走上社会;到处都掀起了一场诅咒“脱离劳动阶级的人”的风暴,咒骂他们是整个社会秩序的敌人,暴动的制造者。

当人们今天在人民议会的内部再次看到对“脱离劳动阶级的人”的攻击和义务教育的论战时,不难推测出在社会主义假面具之下的封建宗教的阴谋诡计。只要深入研究一下“职业学校”的计划,人们就会很容易重新发现1852年的病毒,那是一个确定不移的观念,要把劳动人民束缚在一种职业上,并通过这条道路恢复等级制度。

*　　*　　*

一个进行精神生产的工人往往比一个进行物资生产的工人要穷苦得多。如果“脱离劳动阶级的人”不是一些知识贱民,又能是什么人呢?人们之所以咒骂他们,只是因为他们贫穷。他们一旦有了金钱,就不再是脱离劳动阶级的人,而是一跃而为第一流人物了。在我们的社会里划分人的等级的,不是德才,而是财产,这不是最好的证明吗?

大量的学者一生进行劳动而不受重视,结果生活贫困,死于贫困。他们有知识。但是他们缺乏计谋,然而只有计谋才能使人致富。计谋这个吸血鬼的吸血器官,是我们这个残酷社会至高无上的主人。自然忘了给某些人这一器官，这真是他们的不幸啊！他们只好成为占统治地位的科学即剥削科学的鱼肉对象了。

成千上万的优秀人物在贫困的泥坑中慢慢衰弱下去了。他们是资本所害怕和恐惧的。资本并没有弄错它所仇恨的对象。这些“脱离劳动阶级的人”是进步的无形武器，他们今天是暗中鼓动群众的秘密酵母，并且不使他们在衰颓中消沉下去。明天他们是革命的后备军。

(1869—1870年)

(三)圣埃蒂安事件。厂主和工人之间的斗争[①]

1848年组织起来的名为“人民社”的纺织工人协会，稍微减轻了这个城市无产阶级所受的沉重压迫。厂主们因受到这种新力量的压制而暴跳如雷，并预言这个城市将要毁灭。他们认为外国的订货因货价上涨而减少并转移到巴塞尔和英国去了。厂主们过去习惯于制定法律，今天却要接受工人的法律，使他们感到愤怒。这就是当前社会秩序的情况。资本只能发布命令而不能服从命令。一旦它不再能统治时，他们便叫喊受压迫了。自由，对于他们来说，就是绝对的权力。资本不允许和劳动之间有其他的关系，只承认两者之间的主人和奴隶的关系。

非常可能的是，在圣埃蒂安，使资本家正在高声地叫喊的所谓

① 《社会批判》第二卷的大部分是手稿，我们下面发表最具有特点的几篇。

奴隶制，仅仅是资本家专制统治的缩小，是对至今无法无天的专制统治的限制而已。工人联合起来的力量，使工人不再屈服于老统治者的意志了。工人用同样的武器和资本家的贪得无厌进行斗争，因而不再处在蚯蚓的地位。他们能够制止工资下降，限制资本家的剥削，同资本家进行谈判，而不是忍受恶劣的劳动条件。他们参与了利润的分配，从而减少了分配上的不公平。

一个工厂主不再是劳动力价格的最高决定者，在他看来，这是一个不可容忍的造反，这场造反剥夺了他的利润的主要来源，那就是任意削减工资，因此，减价出售商品，以吸引订货和保证销路。

所有这些斗争都孕育着内战。资本家永远不会同意放弃任何一点权力。资本家比专制帝王更难对付，更不屈服，他们是既不愿意也不能作出让步的。他们只是根据他们的心意来承认法律。

今天，反革命的议会再一次试图钳制法国，并疯狂地为这个冷酷无情的主子资本家服务。反革命的议会又重新制造了一条束缚劳工的锁链，用维持刑罚对付劳工联盟。圣埃蒂安工人取得的优势激起了保王党内心不可抑制的愤怒。广大的纺织工人协会的团结一致和意志坚定迫使保王党不得不小心从事，这种谨慎小心可以从《辩论日报》的外交辞令中看得出来，这家报纸是实力的驯服工具。

这些高傲的贵族向奴隶妥协必然要付出巨大的代价。他们为了谨慎起见不得不小心从事，不得不抑制自己，这就激起了他们心灵深处万分的愤怒。在这些幕后的暴君的思想上，有时甚至在他们的言论里都闻得出血腥味。圣埃蒂安这个不幸的城市遭到的屠杀还没有结束，哭丧的日子还没有到头呢。这个城市完全处于戒严状态，尽管它始终保持着平静，没有受到丝毫的扰乱。人们把共和党的报纸封闭了，使人民在他们的刺刀之下生活着，把拉德茨基[①]和海瑙[②]之流调在城里驻防。

资本不限于进行威胁。这一丁点，是不能使它满足的。它还要制服在它统治下的人们的胆大妄为，消灭胆敢限制他们行使权力的协会组织。因此有人要求把省会从蒙布里松[③]迁移到圣埃蒂安去，为了更有效地监视这个社会主义的策源地。当地的帕夏格腊蒙(Grammont)将军叫嚣说："社会主义取得了可怕的进展！"这些人正在酝酿阴谋。

(1849 年 12 月)

(四)财富的来源

在我们历史的初期，财富是通过征服得来的；后来，是通过没收、抢劫、国王的恩赐得来的；中产阶级的财富是通过高利贷和背信弃义得来的；革命时期，是靠收买国家财产、买卖股票、供应军用物资得来的；帝国时期，是靠战争，靠帝王的赏赐得来的；1814 年

---

① 约瑟夫·拉德茨基(Joseph Radestsky，1766—1858 年)，奥地利的将军。1848 年革命时期，他指挥了反对皮埃蒙特、伦巴迪亚、威尼斯的战争。他的军队以惨无人道而臭名远扬。

② 尤利乌斯·雅科布·海瑙(Julius Jacob Haynau，1784—1855 年)，奥地利的元帅。他以野蛮镇压 1848 年意大利革命而著名。1849 年 5 月，他扼杀了匈牙利革命，残暴地迫害起义者。他被称为"布雷夏的鬣狗"。1850 年他在欧洲旅行的时候，工人到处举行反对他的示威游行。

③ 事实上，不久以后卢瓦尔省省会迁到圣埃蒂安去了。

以来，是靠投机取巧、证券交易和破产骗局得来的。现在的暴发户中，第一代是高利贷者，第二代是荡子和赌徒。

（1850 年）

（五）平分主义者

在第戎反动派的《秩序报》上出现了这样一段离奇的文章：

> “社会主义者在谈到分配土地的时候，答应使穷苦大众得到幸福，这完全是欺骗。我们眼前就有这种实施情况。从前的公社财产在绝大多数地区被分配了。那些有放牧权、通行权的穷人都得到了一份土地，作为私有财产。但是结果怎么样呢？大多数人由于贫困或缺乏远见，把所得的一份土地都变卖了，把地价也花光了，结果比过去更加穷困，因为他们不再有权放牧了。这就是穷苦大众从平分财产的理论中所得到的一切。我们，我们愿意把这个众所周知的事实提供给平等主义者考虑。”

这家内容贫乏的报纸把社会主义者看做是平分主义者。但社会主义者恰恰完全相反。他们主张普遍协作，把普遍协作看成是拯救当前弊病的唯一良药，也只有协作才可能解决产生贫困、混乱和内战的各种社会问题。在社会主义者看来，平分土地并不是一剂救药，而只会使贫困和痛苦更加普遍化。在他们看来，分配公共财产似乎是一个会给穷苦大众带来巨大灾难的救急办法，这个办法使他们贫苦的命运更不堪设想，因为他们旧有的公共财产必然会丧失，所有权必然会被剥夺。社会主义者早已预言过这种不幸的事实，而这家无知的报纸却反把这个罪名加在他们头上。有趣的是这家报纸不自觉地在为他们敌手的论点辩护，变成了社会主义理论的拥护者，站到了社会主义的旗帜下，放弃了它自己的家庭和所有权的立场。这是多么严重的失策啊！居然反对个人所有制啦！它的笔怎么没有吓得掉下地？当它在写“由于公共所有制转变成个体所有制，劳动大众比过去更加穷困了”这句话的时候：

由于把一份公有财产改变为私有财产，穷人就变得更穷了。

这是真正纯粹的共产主义。因为逻辑推理是无情的。从公有财产制借来的论据同样可以应用到土地共有化上去。所以私有制是一场灾难；它不可能一会儿是一件好事，一会儿又是一场灾难。如果它是一件好事，那么它在任何情况之下都是一件好事。对分配公共财产来说是如此，对分配其他公共土地来说也是如此。停止公有，就公有财产而言，可以说是变成了当前所有制的试金石。其结果不是谴责这个制度就是为这个制度辩护。如果结果很好，这种制度就合法了；如果结果很坏，这个制度就行不通。制度的维护者自己会作出判断的。分配公共财产造成了可悲的后果也加深了贫困。因此，一般说来，土地私有的必然结果同时产生贫穷和豪富。贫困和富裕，这就是私有制的双重性的公式。

（1850 年）

（六）资产阶级报纸

无能为力、信用扫地的资产阶级报纸在选举上也不能起什么作用。永远不要相信资产阶级报纸所说的任何一句话。在每张日报的背后都隐藏着一个资产阶级集团，他们可能是采用暴力的公开敌人或是使用阴谋诡计的隐蔽敌人。

罗思柴尔德有十八亿财产，每天可以把十几个报馆经理、印刷工人和作家送进监狱或者送交检察院。他的豪富造成的同一的贫困可以提供成千上万个饥饿者听他挑选，唉！这些人能在监狱里找到一片面包也许会感到太幸运了。

（1869 年）

因为富人现在能够不经过特许就可以发行报纸，《卢瓦尔灯塔》周刊就肯定说政府“恢复了”出版自由。

但是穷人的出版自由却受到了保证金的限制。取消印花税只会加强资本家的垄断，使资本家有可能用较低价格的报纸挤垮穷人的报纸。因为穷人只能在外省发行报纸；每张报纸寄到巴黎要外加四个生丁邮费。

（1869 年 3 月）

《费加罗报》猛烈地攻击第一国际，并且拒绝刊登反驳这些谎言的文章。这就是资本垄断的报纸。过高的保证金、印花税、邮资，保证有钱人可以诬蔑、诽谤、逍遥法外。穷人被堵住了嘴，不得不哑口无言地忍受攻击。

（1870 年 6 月）

(七)圣西门主义者。文化人信贷

安凡丹[①]向圣西门主义者建议成立一个文化人信贷社,把所有思想工作者组织起来,听命于、服务于金融封建统治。学者、作家、艺术家等等,都发给股票,根据他们的才能评定他们可抵押的钱数,可以预支和借贷。用这种方法,人们将消灭文化人的失业,使他们的思想转到资本的旗帜之下,使魔鬼变成天使。智慧将成为金融界的助手和仆从,不再是它最可怕的敌人。

圣西门主义者认为这个建议不切实际,拒绝进行试验。他们自己猜测到会有一些人反对,这样就不可能达到目的。那些人后来都成了反对者,而没有任何参加者。

(1863 年 3 月)

(八)资本向革命宣战

1866 年 4 月 1 日《两个世界杂志》刊登埃·福尔卡德(E. Forcade)的一篇政治评论:

> ……1851 年以后,法国的工业和财政活动可以代替它过去的政治活动。许多旧有的铁路公司需要恢复,铁路网需要

① 巴特尔米·普罗斯比尔·安凡丹(Barthélemy Prosper Enfantin,1796—1864 年),乌托邦主义者,圣西门的信徒。圣西门学派的领袖。在他的领导下,圣西门主义堕落为一个宗教学派。

继续修建，需要完成大部分公共企业，需要发展生产，所有这一切都对资本大大有利。此外，在共和国的动乱时期，由于厉行节约，资本积累已经大大增加了。

这是多么明确的招供！共和国时期，资本逃到阿旺丹山上去了，使法国陷于失业、贫困和饥饿的境地。资本不但没有损失。反而增加了积累。资本像平时一样向劳动征收了什一税，霸占了人民的血汗果实，并且把它抽出去不让它流通。这一部分剩余，这一部分预先提取的收入就不再流动，除非能够换得新的利润。资本家宁愿把这部分收入保存起来而不愿把它投入生产，尽管这样会减少他们自己的收益，他们宁愿饿死劳动人民，迫使他们投降。你们进行革命，而资本却在敌人手中，资本的呼声是：你们不做奴隶，就得死亡！

（1866年4月）

（九）杀害婴儿和它的原因：上帝和资本

杀害婴儿有两个原因：资本造成了一些穷人，使穷人的女儿找不到丈夫；教会无情地摧残没有结婚的母亲。

有钱的女子能在求婚者中间进行挑选。穷人的女儿无人问津。每个女子都有一颗心。但是，对于有钱人的女儿来说，做母亲是光荣；对于穷人的女儿来说，做母亲是耻辱。这种情况是现行秩序所造成的。

上帝和资本联合起来消灭没有结婚就做母亲的女子。资本夺走她的面包；上帝夺走她的荣誉。婴儿就死在他们手里；母亲急得发狂。这样的被害者有几百万啊！

这两个杀人犯怎么样了呢？他们在那儿呢？一个在王宫的宝座上，另一个则在教堂的祭坛上。正直的人们对这些恶魔会没有不共戴天的仇恨！

（1867 年）

（十）演讲稿

公民们：

我要发言，痛苦的怀疑纠缠着我的思想，使我无法沉默。在谈到有关人民大众的事业时，忠诚老实是最应尽的义务之一，口是心非这个恶习，现时成了真正的罪恶。因为，纯朴忠实的人民不能防备阴谋诡计，他们的好心善意使他们容易受人欺骗。因此，我要在这里清楚而坦率地谈出我的全部思想，我希望任何人都不要中途阻止我的演说，此外，我的强烈攻击只会对阴谋诡计不利，只会揭露他们的本来面目。

……合作是一个奇怪的新事物，是一个混血儿，它一半是蒲鲁东[①]，

① 比埃尔·约瑟夫·蒲鲁东（Pierre Joseph Proudhon，1809—1865 年），小资产阶级社会主义者，无政府主义创始人之一。他尤其是以他的著作《什么是财产？》一书而闻名，在这本书里，他宣布“财产就是盗窃”。在他主要的经济著作《贫困的哲学》一书中，充分暴露了他反科学的乌托邦的社会思想的特点。为了驳斥蒲鲁东这本书，马克思写了一本《哲学的贫困》，批判了蒲鲁东的反动思想。

他为实现不经过革命和无产阶级专政的“社会改革”而斗争。1848 年革命时期，他抱着怀疑态度。一般说来，动摇不定、犹豫不决构成了他的文学生涯和政治活动的特色。

一半是马尔萨斯[①],或者不如说骨和肉是马尔萨斯的,只有一些头发是蒲鲁东的。人们到处得意洋洋地贩卖这个偶像,泪盈眼眶,高声欢呼:"好消息!这是真正的、美好的社会主义!坏的社会主义已经死亡了。它的罪恶杀死了它。人民对它喊道:不中用的东西!于是就抛弃了他们过去的错误观点。人民否定了他们1848年的过火行为,甚至后悔1848年把'协作'一词扔进了垃圾堆来惩罚他们过去的罪行。他们用'合作'这个朴实的词来代替'协作'这个罪恶的词,'合作'这个词排除一切羁绊的思想,只容许一点束缚的概念,因此更符合于他们谦虚的愿望。这是多么高尚而优秀的下层阶级啊!"

错了,先生们!人民什么都没否定,什么都没抛弃,也没有把任何东西扔进阴沟里去。只不过是1848年的社会主义受到了排斥而已,但绝不是受到人们的排斥。这种排斥并不能作为一个论据,自由主义藐视地践踏一个政治犯的尸体,只不过表示了它乐于通过一个对手来摆脱一个敌人而已。哼!自由主义者对这个过去的同盟者真是助了一臂之力呵。

等着瞧吧!这些尸体有时还会复活的。当然,在目前,1848年的社会主义进了坟墓。人们不许它再从坟墓里爬起来。此外,看守它的敌人也并没有睡觉。十六年来,他们如同坟墓一样保持

① 马尔萨斯(Malthus,1766—1836年),资产阶级经济学家,英国圣公会牧师,劳动人民的公开敌人。他认为劳动阶级在资本主义制度下穷困不堪是人口增长的结果。根据马尔萨斯反科学的反动理论,人口倾向按几何级数增长,而生活资料只能按数学级数增长。

布朗基在谈到马尔萨斯时,指的是一般资产阶级的政治经济学。

沉默，并没有把一根头发来做合作的装饰品。所有的阵地都留给了蒲鲁东的社会主义，尤其是自从人们看到他们所谓蒲鲁东的信徒怎样理解和运用他的社会主义以来，这种主义显得更不可怕了。可怜的蒲鲁东啊！难道他曾想到过，一个包扎在他的理论的襁褓之中的婴孩，他名义上的亲生儿，会受到马尔萨斯之流的政治经济学的洗礼、宠爱、抚摸、教育和夸奖吗？

然而必须互相谅解。是的，在 1848 年存在着两个互相交锋的社会主义：一个是蒲鲁东的社会主义[①]，它建立在义务协作的温和个人主义基础之上；另一个是无名氏社会主义，它建立在普遍发展的协作基础之上。当时，无论是前者还是后者都不可能取得胜利。因为它们的胜利不是一天就能取得的。后来，它们两个都同样遭到了失败。这是一对仇敌般的兄弟。但这两个兄弟，在他们激烈的斗争中仍然保存了一个重要的相似之处，这相似之处证明他们来自同一个根源，这就允许他们同姓共名。他们两个都向资本主义的暴政展开了你死我活的斗争，并且都宣布任何形式的利润，无论是租金、房租、地租、超过票面的金额等等都是不合法的。

他们只承认劳动的权力，不承认资本有任何权力。这个理论不仅是科学的真理，而且还是最高尚的道德。事实上，劳动的是人，资本只是物质。只有人能活动，资本是不能活动的。资本只是劳动者手中的死工具。因此，任何产品都不能分一份给资本。

这里不是批驳主张资本应得报酬的政治经济学这种诡辩的地

① 有意思的是，布朗基还不理解蒲鲁东的理论和革命的共产主义之间相隔的鸿沟。

方。这个插曲会超出我的演说范围。我们只要记住两个斗争着的社会主义、互助主义和协作，尽管它们有根本的分歧，但是在有决定性的一点上却是一致的，那就是它们都认为利润是不合法的。当然，这一点并不是一切。但是人们要问，这一点对地主、金融家、工业家和商业家是否都不算什么呢？我并不是不承认这两个社会主义制度里劳动组织的困难，而正是谈到这种组织，它们的对立才爆发出来，但我们可以大胆地提出社会主义的本质在于这一公式：资本的利润是不合法的。

因此，如果像合作组织的创始人所夸耀的那样，像他们的报纸每天所殷勤地反复宣传的那样，合作组织是蒲鲁东社会主义精心培养的女儿，那它至少应以使蒲鲁东成为社会主义者的唯一理论根据作为它所应该采取的依据。远远不是如此，合作组织的上帝是百分之几的利润，它的主人是资本。合作组织和一切可能的商业公司——有限公司、股份公司、合资公司建立在同一个基础之上。看看他们的章程、报告和所有的宣言，用的都是一些金融方面的行话，一点不多，一点不少。对放任自由和不干涉政策公开道歉，这是无情地把千百万牺牲者推到吃人的竞争中的政治经济学的完全胜利……人们还可以补充说，这是供求关系的胜利，因为在合作组织中有一些助理人员。“助理人员”是一个掩饰“领工资者”的好听名词。谁能说这些多头老板不比那些寡头老板更残酷呢？在这情况之下，马尔萨斯主义者对合作组织这个娃娃的钟爱还值得什么大惊小怪的呢！

这个娃娃的代父们对无产者说：“不要去关心政府。你们用不着政府的任何帮助。不要向政府请求几百万法郎的施舍。你们没

有接受施舍的权利，而且，政府的施舍对于你们也是害处多于益处。从你穷苦的钱袋里一个钱一个钱地节省下来，为你们创造资本，创造劳动工具吧，等到有了资本的那一天，你们将不再是领薪水的人和被剥削者，而变成资本家了，你们得进行双重的积累，首先是资本，其次是劳动力，但是不能预先支取。这才是你们争取解放和幸福的真正道路！因此，不要去理睬政府了！不但不要政府干预，最好是请求政府少管你们的事。”

既然政府就是国家，它怎么能一点也不干预你们的事呢？如果这个建议不是一个讽刺的话，那的确是令人叫绝的。人们建议工人一分钱一分钱地建立十个人、二十个人、五十个人、一百个人的小小的协作组织，安心地呆在这些小范围里，眼睛看着经理，注意他们暗藏的钱财怎么开花结果。这种建议实际上是劝阻工人们不要去干预大协作组织的事，这些大协作组织却要吞噬大量的金钱，可以多到二十五亿法郎。

难道可以想象，从国民生产上提取二十亿法郎，对于劳动人民的福利是一件无关紧要的事吗？工人不必关心这种大事，就像不必关心月亮里的火山一样吗？这笔法郎如何使用对他们也是没有关系的吗？五亿法郎的公债，谁知道它的本金用在什么上面了呢？五亿法郎用来阻止六十万人劳动，六千万法郎用于教会，换句话说，用来生产愚昧，二千五百万法郎用于所谓的国民教育，其实大多用于教区分会，至多也不过是用来制造半愚昧而已；所有这一切对于广大群众的命运难道没有任何影响吗？人们怎么敢叫他们不必注意国家而只要深信自己呢？

我知道有人会这样回答：“谁也没有要工人不去注意国家大

事，事实正好完全相反。我们极力促使工人积极参与国家大事。工人关心政治，这是他们的权利和义务。但是政治是一回事，而社会劳动又是一回事。要求国家好好管理公共利益，这是好事。为了私人的利益而向国家要钱，如同 1848 年那样，这是不合理的。不应该混淆这两个根本不同的截然分开的问题。”

“根本不同！截然分开！”我们的回答是一千个“不”！这是一个完整而不可分割的问题。我知道预算中不能预付款项给劳动人民协作组织……但是，即使假想有一些预算款项违反官方政治经济学的神圣原则无偿地预先付给工人社团，这成百成千的法郎比起大量用于欧洲、亚洲、非洲、美洲的千万亿法郎来又算得了什么呢？这正如一条河和一杯水一样。他们看见倒了一杯水就大惊小怪，而看见河水流走却沉默无言。然而杯中的水倒在地上还会起点作用，而河水流入大海却毫无效果。

不要辩论了！预算中的预付款项已经取消！工人们没有向国家要钱。相反，倒是国家在集体利益的借口下向工人要钱，要许许多多的钱。难道工人们的个人利益不会受到这种榨取的损害吗？如果大协作组织拿走了工人们的钱，那么他们又拿什么作建立小协作组织的资本呢？如果大协作组织滥用预先提取的资金，对于工人们来说，那比过重的捐税造成的灾难更为严重。因为，过重的捐税只能夺取他们的金钱，滥用资金却会扼杀他们的智慧，而智慧是一切活动的第一源泉。

显而易见，使合作组织瘫痪的、贬低的，同时把它事先局限在一个无形的小圈子里的主要原因，就是愚昧无知。绝大多数无产者没有足够的知识来独立判断应该如何管理一个合作社，更没有知识去参与管理工作,他们由于害怕受骗而放弃了管理的权利。他们很有理由害怕上当,所以宁愿稳稳当当地领点工资算了。即使只有这个障碍,也足以使合作组织在他们看来成了一个骗局,何况还有其他障碍呢?

而愚昧无知又是从何而来的呢?帕利斯(de la Palisse)先生会说:“这是没有受教育的缘故。”我还要补充一句:愚昧无知主要来自教会教育,因为教会教育的目的和结果是消灭文化,用迷信来使人变得愚蠢。如果国家不是每年把五亿法郎浪费在使六十万身强力壮的青年受到无所事事的教育,而把这笔钱用于国民教育,建立一套符合科学的、严肃合理的教育制度,那么不到十年,法国的面貌就可以完全改观。那时,所有的劳动人民都会从消极被动的工具变成知识丰富的公民,他们会把他们的脑力和体力自然地结合起来,而劳动组织的问题将公平合理地得到彻底的解决。

不幸得很,我们还没有达到这一步;所以只是在毫无结果的斗争中,在无能为力的奋斗中消耗力量。让我们来看看合作运动和它在目前情况下所起的作用吧。它有三种表现形式:消费合作社,信贷合作社和生产合作社。

消费合作社是一种最简单易行的形式。参加这种合作社没有多大的危险。但是,它只能得到微不足道的结果,有时甚至引起失望。此外,消费合作社只能在较富裕的地区实行。总之,这只能算是一个小小的游戏,甚至不能算一种临时有效的药方。

信贷合作社对于工人已是一个危险、一个诱人的幻影,它使工人陷入往来账、票据到期和复利等等复杂难解的财政问题的迷宫里,使没有经验的工人很容易迷失方向。信贷合作社需要有一种知识，而这种知识却出奇地缩小了合作社的范围。

至于生产合作社，我把它看做是无产阶级可能陷入的丧命圈套。显而易见只有极少数劳动人民具有参加这一类企业的必要才能。因此，只有知识分子中的优秀人物才有可能走上这条道路。然而在这条道路上，失败和成功都同样是不幸的。失败，那就是破产和灰心。成功却更加可怕，那会使工人分化成两个阶级；一边是无知的、被抛弃的、无依靠的、失望的广大劳动人民，处在靠工资为生的最底层；另一边是极少数的知识分子，他们从此只关心自己的私人利益，永远脱离了他们不幸的阶级兄弟。

难道人们要在不可能的情况下，抽出人民中的上层分子，使人民失去自然保护者，使这些上层人物成为一个新的阶层，变成半资产阶级吗？这些上层人物会变得更自私自利，因为他们的现钱不多，因此就更怕钱丢掉，也就更保守了。这就是在摇篮里就被命名为“社会主义复活”的那个私生子的最新成就，其实这是否认社会主义，是社会主义的坟墓！这是一个诱饵，引诱人民离开他们的正路，使他们走上泥泞的绝路，使他们迷失在无名的投机儿戏中，其结果除了使不幸的工人更热衷于他们的得失之外，不再可能有其他的结果，而对得失的狂热将会吞噬他们的生命，使他们不再关心国家大事。

如果国际代表大会在塞纳河畔召开，也不必大惊小怪。因为在洛桑[1]，代表大会很难再一次封住反对者的嘴巴。而在巴黎却

① 指国际工人协会代表大会。洛桑代表大会(1867 年)是第一国际的第二次代表大会。布朗基主义者和法国的蒲鲁东主义者在 1866 年日内瓦召开的第一次代表大会上产生了深刻的分歧。

没有这个困难,这里根本不允许反对者开口。这个合作的诡计无可辩驳地是不顾一切地为了保卫当前秩序的安全最有力、最巧妙的一招;证据就是自从把人民引上这条歧路以来,舆论一日比一日混乱了。保守主义的胜利可能变成法国的灭亡。因为没有什么像政府的绝对安全那样对于一个国家是生死攸关的了。那时,政府冲向灭亡的边缘,没有什么能阻止它,一切都在加速它的灭亡。

啊!竟有人认为可以和政府的行动背道而驰,用小小的合作社来解放人民。这是幻想!甚至还可能是出卖!人民只有靠大的合作社团,靠国家的推动才能摆脱奴隶地位,而只有胆大妄为的人才敢坚持和这相反的意见。因为,国家并没有其他合法的使命。

这种不顾经验和常识,由所谓的政治经济学提出的论点是什么呢?奇妙的论点,它把人民的一切活动置于政府之外,并且宣布人民的活动与政府无关。这样一种理论是对事实、对历史最大胆的反驳,因此是愚蠢的。更坏的是,这个理论是不道德的,甚至是一种罪恶。

历史在一些时代面前高声宣布政府可以使民族灭亡,也可以使民族得救。民族由于政府而生存或死亡。政府是一切好事和坏事的根源。政府既然令人惊奇地把好事都归功于自己,那么它怎么不对坏事负责呢?政府要对一切负责,对无知,对贫困,对思想和风尚的败坏,对物质、精神和道德上的堕落和腐朽负责。人民的面包和荣誉同样都有赖于政府。因此,人民的苦难也得要归罪于政府,这是天经地义的。没有政府的许可,人民不能吃一口粮,在英国和在别处也都如此,不管经济学家们高兴不高兴都是如此。政府完全把我们束缚住了。当一个民族受到一个坏政府折磨而又没有意志和力量去更换这个政府的时候，它就痛苦万状，一步步走入坟墓。因此政府问题是一个有关生死存亡的问题。

要在人民群众的思想上根除这条真理，还要使他们相信他们的物质福利与国家的权限无关，那就没有什么比这更为有害的了。这就是放任自由、自行其是的政治经济学所鼓吹的合作社力图做到的一切，合作社似乎愿意人们自由活动，自行其是，但是人们既不能自由活动，也不能自行其是。合作社试图使无产者相信手脚捆绑起来还很容易走路。欺骗是不能持久的。无产者会发现蒙着眼睛、捆着手足是不可能走路的。

在当前的政治条件下，唯有为了维护劳动权利和抗拒资本的相互保险合作社团是对工人有用的。一切建立生产组织的企图都会是错误的步骤、不合时宜的做法。这样一种组织只有有了自由和知识后才有可能成功。

此刻，劳动人民只有一条道路可走：团结力量以确保反对资本的专横统治，然后为了取得：

1.出版的完全自由，不受捐税的妨碍和苛刻的约束；集会和结社自由；宣传自由。

2.每年拨款五亿法郎用于国民教育。

这是决定国家命运的主要问题。教育不能再像今天那样是愚弄人民，消灭文明的东西。教育不仅仅应该是免费的和义务的，而且还应该是完整的。只会认字、写字或什么都不知道，这几乎完全是一回事。一件不能使用的工具有什么用呢？必须使全体法国人毫无例外地学习法语、算术、宇宙学基础、初级几何、地理、历史、绘画、地质学、物理和化学的基本概念。应该到处组织大规模的职业教育，学习农业、工业、商业。

绝对禁止教会把手插进学校。

五岁到十五岁的孩子将毫无困难地获得所有这些知识，如果我们愿意尽可能多地把这些知识传授给成年人的话，那么，三年之后，生产的巨大发展就补偿了教育费用。如果人们在这种教育制度之外，再加上集会、结社和出版自由，那么不到十年，剥削就会消失，人民就会成为自己真正的主人。那时，人们才可以开始谈“自治”。现在，“自治”只是一种讽刺。任何地方都没有自治，甚至连美国也谈不到自治，因为美国的群众教育是非常低级的，还不能适应自治这样高度的文明。

如果无产者坚持要枉费心机地走进这个毫无前途的“合作”泥坑里，他们身上的枷锁不但不会粉碎反而会束缚得更紧。无论什么东西，只要会使他们不去注意改革政府，那对他们都是非常不利的，这些改革中最首要的就是发展教育，他们不知道教育就是面包和自由，无知就是奴役和贫困。如果今天年满二十岁的那些人在1857年就已经开始受到全面的教育，那他们现在就不会以雇佣者的卑贱身份生活在地主的领地上，而是可以和任何人一样平等工作。教育对人民要比五十个加利福尼亚州更有价值。

唉！教育在我们这个贫乏的国度里受到严重的威胁，因为人民还没感到教育的重要，因此，他们对教育漠不关心，还没有想到大声疾呼要受教育。致命的盲目啊！是的，教育不断地丧失阵地，教权主义却一天又一天、一步步像鼹鼠一样不知疲倦地占领地盘。教会学校慢慢在非教会学校的废墟上发展起来了。以前，教权主义学校约占学校总数的四分之一，很快就占了三分之一，而后占了总数的一半;教权主义的进展还在继续加速并疯狂地占领阵地,每年都在完全无所谓的环境中扩大地盘。有钱的人都为它服务,疯狂地促使它发展。当教权主义完成了侵占工作的时候,当教育全部掌握在教权主义手中的时候,黑暗就会笼罩法国,劳动者就会看到黑暗将给法国带来什么,更确切地说,劳动者将看不见黑暗会带来什么,因为在黑暗中什么也看不见。

合作被用来帮助敌人,开始摧毁革命,用借贷来代替革命的旗帜。自从 1789 年以来,只有理想才是无产阶级的力量和得救的道路。无产者全部的胜利都得归功于理想。自由!平等!博爱!这一口号既包括了物质生活又包括了精神进步。这个口号既给人民福利同时也给人民尊严。但愿人民不要抛弃理想,而投身于投机之中。投机是不公正和剥削者的呼声,不是无产者的呼声。无产者只会在投机中灭亡。

(1867 年 8 月)

(十一)罢工与合作

罢工的意义人人都能懂;它的意思很简单,就是反抗压迫。所以大家都参加罢工。

合作有各种不同的形式,如信贷合作社,生产合作社。它很复杂,它能吸引知识分子,却会吓坏简单无知的人。合作很难找到十个参加者,而罢工却能找到一万个。

罢工有普遍意义,合作只是少数人的事。团结广大群众的旗帜难道不比只团结几个人的旗帜更好吗?

罢工虽然有许多不便利，却是人人能参加的自然方法。合作仅仅是富有知识的人才能采用的方法，别的人对这种方法不是怀疑，就是漠不关心，甚至一无所知。所以罢工是人民对资本斗争唯一真正的武器。

人民群众应该暂时以罢工为防御资本压迫的手段，同时，集中一切力量进行政治改革，只有在政治改革后才能进行社会改革，才能根据公平的原则分配产品。

（1867 年 10 月）

（十二）原始共产主义

……人在地球上已经生存了很久，比人们长时期以来所想象的，甚至可能比人们现在所猜想的还更长久。

毫无疑问，人的原始生活是十分野蛮的。他们是单独生活还是群居生活的呢？他们之间的相互协作，是在共有的形式之下，还是在交换的形式之下，开始发生的呢？这是一个谜。对原始人类社会状况的一切设想都不过是虚构的。

根据澳洲土人的风俗和行为类推，可以得到这些古老时代风俗习惯的一些线索。根据澳洲土人极端野蛮的行为来判断，他们似乎是最近才加入人类大家庭的。

然而，把澳洲土人和猿人相提并论，甚至放在猿人之下，这未免过分夸大，乃至到了荒唐的地步。猿人没有语言，更没有“飞去来”这样有名的武器，这种武器一直使欧洲人感到惊奇不止。猿人更不会操纵为数众多的独木船队。

澳洲土人拥有这一切，可能还有其他进步标志，只是白人瞧不起他们，观察肤浅，从而视而不见。因为这些观察家都是一些旅行家，他们非常讨厌穷人身上的肮脏和臭味，他们所关心的是为游手好闲者的娱乐描绘一幅美丽的图画，而不是进行对科学有贡献的人类学的研究。

要分析卡奔塔利亚湾[①]黑人的社会制度是相当困难的。这个社会制度是共产主义的，还是个人主义的？黑人似乎并没有共有制甚至没有交换，他们的协作仅仅是为了共同防御，而不是为了日常生活的需要。

的确，他们还不会耕种，光着身体走路，晚上拣些树枝盖在身上过夜，早上又把树枝抽掉。因此他们没有不动产。他们是以游牧为生；也没有任何动产。他们唯一的财产是一些他们自己制造的、极简单的武器和工具。

他们是些牲畜、渔夫、猎人，经常与饥饿作不断的斗争，他们每个人只为自己劳动。然而独木船是不会从天而降的。那是在什么条件下制造出来的呢？是个人制造的，还是集体制造的呢？知道这点是很有趣的。人们对这个问题什么也没有说。可以肯定的是，他们过着群居和部落生活，一个组织有几个首领，这可能是非常原始的社会，但确实是一个社会。

我们石器时代的祖先是比他们更先进呢？还是和他们一样的呢？这是可以探讨的。但我们的祖先到底有一个拿得出去的后裔。至于澳洲土人，他们的命运已经被注定了。他们遇到了一个

① 卡奔塔利亚湾(Carpentarie)，在澳大利亚北部。——译者

毫不留情的民族。这些人企图要他们耕种土地，接受白人文化，这是可笑的、愚蠢的企图，因为它要求从这些不幸的人那儿得到他们的社会机构所不能给予他们的东西。思想转变不是一朝一夕之功。它是若干世纪的产物。澳洲黑人一和英国人接触，将和美洲的红种人和聪明而秀丽的西兰岛人一样灭亡。这是悲惨的。

由于残酷的命运，那些人类大家庭中的年轻民族，在需要保护和抚爱才能培育成人的时候，都不幸地遇到了最自私、最野蛮、最无情、最虚伪的、白种人的变种，盎格鲁撒克逊人，他们冷酷无情地、无声无息地消灭了他们面前妨碍他们侵略的一切人。

对澳洲土人风俗习惯进行正确而切实的调查，将会有助于了解我们祖先原始时期的状况。

（1869 年 4 月）

（十三）合作和反动

在政府的思想里，合作社和储蓄银行有同样的目的，那就是用福利的幻影来解除无产者的武装，麻痹无产者。合作社比储蓄银行有更巧妙的手段，尽管它已经遭到失败，甚至已经导致革命的结果。

事实上，问题不再是粗暴地歪曲政治经济学，而是相反的要严格运用政治经济学的理论。这既不要国家花费一文钱，也不要国家费举手之劳。以储蓄为手段，资本化为目的，巩固旧的秩序，否认社会主义，这就是他们的纲领。人民自己表示他是公认的科学的最卑贱的奴仆。他们签字确认劳动的失权，宣布资本的生产力，换句话说，资本是至高无上的统治者。

反动派早就这样梦想过，而他的梦想似乎一开始就得到了实现。日内瓦代表大会公然宣布创立纯粹经济主义体系。一切都与国家无关，没有什么是国家做的。这是政治和宗教的旁观主义。合作建立在资本合法利润的基础上。这是对 1848 年思想的咒骂。蒲鲁东本人在反高利贷的斗争中也受到了谴责。

这就是国际协会的工人代表以合作社的名义在日内瓦代表大会上所作的发言。所有的报纸立刻表示热烈欢迎，人民自己发出的放弃旧的革命的狂热誓言在这些庄严的誓言面前，主张平等的人低下了头。此后，他们又重新抬起了头。因为 1866 年在日内瓦所取得的一切胜利，到 1867 年在洛桑动摇了，到 1868 年在布鲁塞尔垮台了，到 1869 年[①]在巴塞尔根本不见了。共产主义思想粉碎了个人主义，重新取得了胜利，而在资产阶级阵营里，惊慌失措代替了得意忘形。

(1870 年)

① 布朗基在这里提的是第一国际代表大会。

在日内瓦代表大会上蒲鲁东主义者要求把第一国际变成一个国际合作协会，并限定它的任务是研究用合作制代替资本主义制度的可能条件。经过热烈地讨论之后，代表大会赞同马克思的意见，认为合作运动仅仅是促使社会转变的手段之一，但它单独不可能战胜资本主义。在洛桑代表大会上(1867 年 9 月 2 日至 8 日)通过了一项决议，宣布劳动人民的社会解放和他们的政治解放是不可分割的。

布鲁塞尔代表大会(1868 年 9 月 6 日至 19 日)讨论的中心问题是所有制问题，特别是土地私有制问题。这次代表大会所通过的决议，表明了经济的发展要求过渡到大工业，因此，不仅土地，而且矿山、森林、铁路等等都应该转变成集体所有制。

巴塞尔代表大会(1869 年 9 月 6 日至 11 日)批准了布鲁塞尔大会有关废除土地私有制的决议。在这次代表大会上，谴责了巴枯宁关于工人停止一切政治行动的建议。

(十四)缺乏道德的政治经济学

政治经济学漠视道德而使它失去了一切批判能力。应用到与人类有关的事情上,公正是唯一真正的标准。一切事情对怀疑论者说来,都是漆黑一团。怀疑论者在黑暗中摸索前进,他通过触觉孤立地确定事物,但是什么也分不清,既看不到事物的细节,也看不到事物的整体。这是一个自愿的瞎子。他的怀疑使他变得无能。人们不能把不断变化、不断完善的生命当做死板不动、一成不变的物质来研究。

正义是社会机体的酵母。不考虑正义等于不向前看,剥夺自己的了解能力。那样人们也许能够看到现在,但永远看不到将来,甚至于看不到未来的因素。

(1870 年 3 月)

(十五)工业的胜利果实

政治经济学不断地重复论述文明的进步,工业的胜利果实,物质福利的逐步发展等等。

所有这些都没有涉及问题的本质。工业的胜利果实不是资本的产物而是智慧的产物。巴师夏[①]把人类思想的发展和文明进步

① 弗雷德里克·巴师夏(Frédéric Bastiat,1801—1850 年),经济学家、资产阶级政治经济学的辩护士。他的主要著作有:《科布顿及其反谷物法联盟》、《经济诡辩论》和《经济协调论》。巴师夏热烈地为经济自由主义思想辩护,反对保护贸易主义者和社会主义者。

归功于资本。这是“所以如此，就因为它是如此”式的诡辩。

思维不断创造了工业所应用的观念。唯有发明者才能享受工业胜利果实的荣誉。资本只是不从事生产，掠夺胜利果实的大黄蜂。资本留给脑力劳动者和体力劳动者的，只是它实在无法剥夺的东西。

剥削者、寄生虫、杀人犯，这就是资本在各个世纪所扮演的角色，但因为它霸占了一切，人们就称它是一切的创造者！

中世纪把胆敢穿华丽衬衣的人戴枷示众，基督教的思想也把异教徒要求满足物质欲望的思想拿出示众。

谴责依靠剥夺别人而取得享受的并不是平等主义的思想。

取得这些福利都是依靠智慧，而不是依靠资本，资本剥夺了这些福利，剥夺了广大群众的福利，使它只有利于少数人。

（1870 年 6 月）

四、祖国在危急中[①]

(一)拉维莱特事件(1870 年 9 月 16 日)

一个月前的今天,上百人慢慢地向运河桥附近的拉维莱特林荫大道聚集。

那是一个星期日,天气十分晴朗。人行道上许多散步的人,掩蔽了集会的队形。

离消防队驻地不远的地方,有一个变戏法的,他的表演吸引了一些好奇的观众。

这次预定的运动领导人,比参与运动的公民先到指定的地点,他通知他们和看戏法的观众混在一起。这样,他们就能集中而不引起警察的怀疑。

大约三点半钟,布朗基发出了信号,参加集会的人群就走着小步,毫不喧扰地向消防队驻地前进。他们沿着人行道走,后来为了到达警卫处才不得不走上马路。

这突如其来的九十度的转弯惊动了站岗的哨兵和警卫处的士

① 《祖国在危急中》是 1870 年 9 月 4 日共和国成立后由布朗基创办的日报。它的寿命十分短促,自 9 月 7 日到 12 月 8 日一共出版了 89 期。布朗基在每一期上都发表过文章。这些文章自 1871 年起已经汇集出版。

兵，他们立刻跑去拿枪。

这是一个严重的失算。

我们本来希望能够出其不意地夺得武器，而不发生冲突。大家本来约好不使消防队员受到任何损伤，因为消防队是巴黎人民所热爱的和尊敬的、不参加内战的团体，并且以具有民主思想而闻名。可是，门岗在搏斗时中了一枪，警卫处成了双方争夺武器的激烈场所。

起义者根本不愿使用暴力。他们不愿意滥用他们人多的优势，用武力来夺取武器。他们在进行谈判，使对方同意交出武器。这些谈判浪费了时间。

附近的一队岗警闻风而来，手持短剑，冲向起义者。听到“警察来了！”的喊声，布朗基、厄德斯（Eudes）和格朗吉（Granger）马上从里院出来，立即发生了一场短暂的激烈混战。

警察最后逃走了，他们在广场上留下了一具尸体和两个受了伤的警察。

起义者在战场上取得了胜利，为了取得消防队的武器，他们又作了一次努力。

这些温和的手段只能带来失败。但公民们无论如何不愿使用野蛮的暴力来对付这优秀的消防队。于是，突然袭击流产了。

经过了这场无益的谈判，起义者离开了营房，而改从外边的大马路向贝尔维尔区行进。对他们来说，显然这个计划已没有任何成功的可能。居民都很惊慌。

居民们既好奇又害怕，既不敢动，又一言不发地靠房屋站着。在起义者走过的大道上没有一个人。尽管他们喊口号：“共和国万岁!""打死普鲁士人!""拿起武器来!"呼吁观望的群众参加,但却毫无用处。

群众对这样的鼓动既不回答一句话,也没有做任何动作。

起义的领导者本来认为局势的严重以及前几天所发生的一系列骚动可能会唤起广大的群众。

但是,随着最初几天无能为力的情绪而来的是失望。人们的思想转向另一个方面。人们变得猜疑起来,变得过分畏惧普鲁士间谍。

警察成功地、阴险地使人们产生了幼稚的恐怖,这种恐怖转移了人们的视线,使他们忽视了推翻帝国这一重大问题。事实是,即使在贝尔维尔这样一个有革命传统的地区,也没有任何人起来参加起义。

起义的队伍就这样在贝尔维尔林荫道上孤独地、沉默地走了二千多米。

布朗基、厄德斯和格朗吉认为这次起义已经流产,便要队伍停止前进,并对他们的伙伴说:

"这次起义失败了。首先,我们没有拿到枪支;其次,大家看到没有人参加我们的队伍。没有人民,我们什么也做不成。再过十分钟,我们这小小的核心队伍就会遭到夏斯波枪的袭击,而我们的左轮手枪则无法对付。因此我们必须马上散开。现在路上可以自由通行,没有任何人会阻碍我们撤退。收藏起你们的武器,穿过邻近的街道分散开吧!"

大家都赞成这个建议。夺来的三支枪被扔掉了;左轮手枪藏进了衣服里面,散开工作毫无阻碍地完成了。

我们没有留下尸体、俘虏和受重伤的人。

而且,谁也没有想到要挡住我们的去路。我们周围的人全都目瞪口呆。

完全应该说,这一队果敢的人把恐怖散播得很远。从通向林荫大道的小路口上,可以看到几百公尺外站满了大群的人,他们不敢走近我们。还可以看到警察也同我们保持着敬而远之的距离。

……逮捕的经过是这样的。当武装的队伍离开之后,一些好奇的人就聚在营房门口,按照巴黎人的习惯互相探询打听。突然,警察局的警察和密探一拥而来,他们对这群看热闹的人不分青红皂白地殴打和逮捕。

……警察逮捕的人里面也许只有两三个人是因为粗心大意而被人告发的。

厄德斯和布里多(Brideau)只是由于偶然的原因才落入了波拿巴政权手中。一个并不是专门做密探的莱勒(Leleu),瞥见厄德斯外套里隐藏着的左轮手枪,他便跟着他们两人,最后叫警察把他们逮捕了。

警察把八十个不幸的人关进了监狱,听候军事法庭不公正的判决。见证人对每一个带到他们面前的被告都作了伪证。要不是9月4日的革命结束了这出悲剧,真不知道这些嗜杀成性的魔鬼要把无辜者迫害到什么地步。

……所有那些在报刊上和讲坛上把拉维莱特起义者说成是“普鲁士奸细”的人,毫不例外地在故意撒谎,因为他们确知事实恰恰相反,而其中某些人从可靠方面获得消息,非常清楚地了解这次运动的领袖们是谁。……不。巴雪勒[①]，不是普鲁士，而是公民格朗吉，他为了购买武器，献出了他的全部财产一万八千法郎，没有给自己留下一个生丁。

献出自己微薄的财产，使自己沦于赤贫，来换取“作为叛徒遭到枪决”的幸福命运，这无疑是个傻瓜。但愿我们的国家多一些这样大公无私的傻瓜，而尽可能少一些对他们进行诽谤的利欲熏心之徒。

时间和事实对这些无耻行径做出了公正的裁判。厄德斯被选为安土昂郊区国民自卫军的营长，公民们选他的唯一理由是他参加过拉维莱特事件。在蒙马尔特区，布朗基也在欢呼声中当选了同样的职务。

巴黎知道，这些人曾想在8月14日完成要到9月4日才能完成的事业。他们当然错了，因为那时时机尚未成熟；必须善于判断时机，特别是在这样一些可怕的问题上，任何错误的判断，错误的估计，都会带来严重的责任。“我认为”这三个字是永远不能成为一个依据的。

自作主张使有关全国自由的事业走错一步棋，这是一个错误，这种错误往往是不可挽回的，也是不可原谅的。幸而这次错误仅仅是一次普通的偶然事件，它很快地就消失在革命的暴风雨之中。

……人们有理由指责拉维莱特的起义迟了八天。正因为8月7日，星期日，雷舍芬惨败的第二天，惨败的消息震动了巴黎，那时

① 巴雪勒(Basile)，博马舍的喜剧《塞维勒理发师》中的卑鄙造谣的角色。——译者

就应当起来推翻帝国。

8月14日是太晚了,或者是太早了。唯一可以回答的是起义领袖远在布鲁塞尔,突然得到阿尔萨斯的震动人心的消息,他那时没有护照,不得不在8月11日晚上步行偷越国境。这种辩解是不能令人满意的。当一个人从事严肃的政治的时候,不应当让自己措手不及。

但他们到底没有出卖给普鲁士,因为他们是不由自主地迟到,错过了时机,然而,这种无情的谴责,这种对那些把行动看得重于言语的人的无耻诽谤,却是我们时代的一种不幸,也是一种十分可悲的衰落象征。

……拉维莱特事件的主要突击手是布朗基、厄德斯、格朗吉、卡利亚(Caria)、前议员比尔斯(Pilhes)和从加利福尼亚回来的弗洛特(Flotte)。特里东(Tridon)因病没有参加。

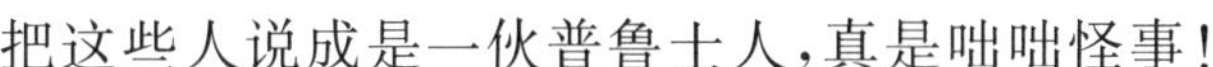

把这些人说成是一伙普鲁士人,真是咄咄怪事!

(二)反动派(1870年9月19日)

9月4日,共和党人面临着严重的危机,一致行动,宣布放弃一切不同意见,全力协助临时政府。

这个协助有一个条件,那就是同心协力保卫祖国,抗御外国侵略者。

谁也没有放弃使用自己的理智和眼睛。“有没有努力保卫祖国?”这个问题始终在每个人的脑海里翻腾。

每过一天,回答的是令人忧伤的:“没有!”

有人徒然想把独立和自由的事业分割开来，在法国，独立和自由是二位一体的。

帝国出卖了祖国，并且被推翻了，因为它试图用一只手对外作战，用另一只手对内镇压。它的左手使它的右手瘫痪了。它断送了我们的军队，并使我们的国家陷入了深渊。

可惜啊！这一教训并未被吸取。

随着一瞬间的振奋和某些表面上的合作之后，可悲的对抗又重新出现。对抗正在日益发展，威胁更大。八月的局势[①]又已重现。临时政府只是模仿帝国的无力的政府而已。

临时政府害怕革命甚于害怕普鲁士，对巴黎的戒备先于对威廉的戒备。它对人民充满了猜疑和敌意。

这次分裂的罪人是谁呢？谁首先破坏了同盟条件的呢？它是在保卫祖国的基础上缔结的同盟。新政权难道不是这个纲领的第一个产儿吗？然而，新政权却一分钟也没有实现过这个纲领。

在9月4日以后，帝国的利益和普鲁士的利益必然很快就交织在一起。威廉和波拿巴成了同盟者。说得更正确些，今天，不管是那一种君主政府都和共和国的侵略者结成联盟，而这个共和国就是法兰西。

如果屈辱的媾和带来的是割地赔款，那么，除敌人之外，还有谁是共同的受益者呢？是君主。只有一个君主政府受益，而整个法兰西将任人宰割掠夺。

---

① 指1870年8月14日布朗基领导的拉维莱特林荫大道的起义行动。其目的是要在法国重建共和国。可是，这次行动由于组织工作做得不好，时机还不成熟而遭到失败。布朗基认为，在帝国崩溃之后，形势又一次要求进行反对“国防”政府的斗争。

如果说把所有君主主义者都看成是积极参加侵略的帮凶有什么不公平的话，人们也并不因此就应该以同样的宽恕来对待帝国的一切官员，他们是一切腐朽政权下营求官职的乞丐。

他们从一开始，就极端仇恨共和国。他们公开投奔敌人，他们是敌人的开路先锋，为敌人招兵买马。何必去谈他们的丰功伟绩呢。报刊上已经登满了他们的卖国丑闻了。

要求罢免这一群卖国贼，难道就违反了同盟协议吗？

维持他们的权力，岂不是使自己同他们的罪恶勾当同流合污吗？

自从 9 月 4 日以来，共和党人就请求政府撤换那些原有的市长和初级法院法官，因为这些人过去是为暴政效力的工具，今天是阴谋和颠覆活动的制造者。

可是政府依然装聋作哑。

巴黎一再要求解散给人们留下血腥回忆的旧警察组织。政府却置若罔闻。

警察总监却富有讽刺意味地把巴黎市警卫队改名为共和国警卫队，把凶恶的警察改名为“保安警察”。从今以后，政权完全依赖这批人人憎恶的打手。

面对着麻木不仁、一成不变的方针，一切埋怨、责备、要求和哀告都不起作用。政府的回答只是讥讽地号召人们平静和服从。它厚颜无耻地利用爱国者的忠诚和沉痛。

“联合”这个字眼几乎已经成了一切反对自由的敌人的战斗武器。我们要知道，协作对共和党人来说，并不意味着向反革命屈服。他们所要的联合是为了拯救共和国，而不是为了摧毁共和国。

(三)1792—1870 年
(1870 年 10 月 30 日)

1792 年到 1870 年,前后相距只有八十年!相当于一个长寿人的一生。可是,从 1792 年这个摇篮到 1870 年这个坟墓,却相当于普通年月的十个世纪。这两个年代之间没有任何相同的地方。精神的世代相承已经不再存在。人们只继承了先人的血统,而没有继承他们的良心和气概。传统没有留下一点痕迹。在这个时期的两端有两面旗帜:1792 年的旗帜是意气风发;1870 年的旗帜是投机观望。

到处都能听到这样的叹息:我们 1792 年的先人没有我们今天这么多的人,这么多的财富,这么发达的科学。可是他们都是英勇的。他们拯救了祖国,粉碎了君主同盟。而我们拥有我们前人所没有的人力和财力,难道我们就要受到全欧洲的轻蔑微笑,沦亡在普鲁士的铁蹄之下吗?

于是这个呼声显得更加绝望:"1792 年!我们要做 1792 年的人,否则法国就要灭亡。"可是紧接着又有这种奇怪的迭唱:"让我们紧密地团结在'国防'政府的周围吧。"

我们 1792 年的先人团结在革命政府的周围,这个政府既镇压了内部敌人——君主专制,又把剑头指向内部敌人的同谋者——外国侵略者。

而你们,你们却要团结在反革命政权的周围,这个政权放逐了共和党人,是保皇党人的侍臣,侵略者卑鄙的奴才。

最坚强的人士这样冒险地说:“应该推动政府前进,使它不再软弱无能,疲疲沓沓,但是总得要维持它。”

哦!你们因为旅行需要行李,就把政府看做是随身携带的包袱了吧?

可是!这件行李却在规定旅程和控制旅客呵。

人民是政府要他们怎么样他们就怎么样的人。他们的生死都被政府所操纵。他们的命运完全掌握在政府手中。但是奇怪的是,波拿巴统治了二十年之后,人民却很快就把这一点忘记了。

1792 年的共和国无情地清除了君主政府的帮凶,它的文武领导集团和它的法律、风俗、宗教、思想意识甚至它的服装。共和国在土崩瓦解的帝国废墟上站了起来,把愤怒的法国投入了战斗。并且,要是外部的普鲁士人向法国的国土多迈进一步的话,它在对国内的普鲁士人进行一次 11 月 2 日①的镇压时决不畏缩。

1870 年的共和国却把共和党人看成是唯一的敌人,它屈服于贵族和教士。它还要向那些曾经掠夺、盗窃、扼杀国家的罪大恶极的百万富翁的寡妇偿付二万法郎的年金。它把儿童交给耶稣会教士,把公民交给军国主义。它为过去牺牲未来,为反动分子牺牲民主党人;它使我们的双手陷于瘫痪,只用有名无实的抵抗来抵御侵略者,向他们乞求饶恕和恩赐;它依赖串通外寇的保皇党人,用圣巴托罗缪大屠杀来威胁革命者。

为什么在来向我们提起 1792 年的同时人们又高呼:“国防政

① 大概日期有错误。这里指的应该是 1792 年 9 月事件。当时在凡尔登失守和旺代叛乱消息的影响下,许多人民的敌人,经过人民的非常审判,都被判处了死刑。

府太值得赞美了!”这是两个相反的极端:1792 年拯救了革命,建立了共和国;而市政厅①却正在毁灭革命共和国。

国防政府有那些帝制派作为帮凶,这些人在对共和国进行了二十年的屠杀和流放之后,现在居然一面高喊“共和国万岁”,一面却准备更加疯狂地对它进行屠杀和流放。

国防政府的旗帜是叛徒的旗帜,是反复无常的两面派的旗帜。两面派在各个接待室里都能插足进去,为各种不同政治色彩的报纸都能写篇文章,在各种各样的机构里都有他们的晋身之阶。在这面旗帜之下,一切腐化堕落分子都可以找到藏身之所,替它的招摇撞骗摇旗呐喊,随声附和。

它就是反革命,它正在给法国挖掘坟墓。

(四)停战与投降(1870 年 11 月 5 日)

人们在 11 月 2 日的《时报》上读到:

> “……巴黎成了战士,法国正在行进,外省的人民正在武装起来,……人们已经睁开了眼睛,今天的法国重新获得了欧洲和全世界的尊敬……世界列强都懂得了。首先,俄国认为再不采取行动就是犯罪……它们达成了一项协议。这项协议要达到这样一个结果:‘凡是试图媾和的先决条件都是要在法国建立一个正式政府’,这个政府的建立必须按照停战协议的

① 这里是指设在巴黎市政厅的国防政府。

规定;只有做到这点,此后,才能提出停战问题……"

不可能更清楚地暴露他们的阴谋诡计了。帝国军队的迅速溃败,普鲁士人的胜利前进,已经使欧洲完全相信我们的衰弱无能。

国王们以大声欢笑来欢迎我们的失败。

当国防政府向他们摇尾乞怜的时候,他们冷淡地回答道:"这与我们无关,我们无能为力。"他们袖手旁观,期待着我们灭亡的到来。

但是,正当市政厅到处哀求同情和援助的时候,巴黎慷慨激昂、义愤填膺地站起来了。尽管我们的所谓统治者把海军大炮搁在布勒斯特,把外援的枪支放在英国或其他地方;尽管他们不作任何准备,卑躬屈膝,低声下气,巴黎却一天比一天更可怕。市政厅不得不给巴黎提供武器,假意模仿巴黎的热情和语言,竭力戴上意志坚决和同仇敌忾的假面具,否则就有遭到被推翻和被抛弃的危险。

敌人原来认为可以不费吹灰之力,长驱直入这个胆战心惊的城市,可是,他们却碰上了遍插刺刀的碉堡。时间在毫无结果的企图和血腥的战斗中过去。无论是这些头目的无能还是心怀叵测,都不能制胜居民的力量。

两个月来,普鲁士人待在我们的城下白费时间。巴黎的奋起使全欧洲大为震惊,使各个君主国不寒而栗。它们曾沉沦在蔑视的缄默中,期待着伟大的革命者的死亡。

但是,伟大的革命者是绝不会死亡的。他们举起了五十万把刺刀;他们蔑视和嘲笑俾斯麦、饥饿和炮轰。今天,他们击退了敌人，明天他们还准备进攻。他们对政府的软弱无能、不采取行动，表示极大的愤慨，他们大声疾呼要求枪支和大炮。

国王们都在战栗，他们的恐惧戴上了同情的假面具。当逆流把法国推向灭亡的时候，他们任其自流。可是，当潮流使法国可能重新得救和取得胜利的时候，他们便改变了主意。

这时，他们倒充满了人道主义和善心好意。鲜血横流使他们伤感。必须立即制止这种丑恶行径。如果巴黎当真把威廉消灭在城下，如果巴黎联合外省，把德寇埋葬在我们的田野，并且让共和的法国来攻击君主政体的欧洲，那还了得！

对压迫者的世界来说，这该是多大的灾祸啊！王室、贵族、迷信，统统滚进坟墓；而人民摆脱了贫困与黑暗，在科学与平等的灿烂阳光即知识的指引下站了起来！啊！多么不幸，多么不幸啊！赶快去援助黑暗势力和马刀吧！

赶快停战，好让普鲁士能够集中它的军队围住顽强的叛乱者，然后以武力迫使他们接受命令。趁俾斯麦挟战胜的余威，持既成的事实，还能把和平强加于人的时候，赶快提出和平！

10 月 31 日晚[①]的事件后来使暴君们恢复了希望和傲慢。这些吓得暴君心惊肉跳的巴黎人民失败了，不是敌人，而是叛变使他们失败了。他们要粉碎外国人的帮凶和同谋者暗中制造的阴谋。他们却因害怕内战而遭到失败。他们由于唯恐同胞们流血而遭到覆灭。这是他们可耻的敌人从来不懂的。

---

① 指 1870 年 10 月 31 日起义。大多数布朗基分子参加了这次起义，其目的是要推翻国防政府。这次起义遭到失败。政府当时虽曾答应不追究起义者，但仍在 1872 年以参加过这次起义的罪名，逮捕了布朗基，并且对他判了刑。

而那个利用反动派的刺刀取得胜利的普鲁士人又重新抬头，重新用起在费利埃[①]用过的语言来了。革命曾打击了他的傲慢，可是革命自己解除了武装。俾斯麦[②]有了喘息的机会。他曾向他的君主同盟者指出：使他恐怖的无知平民未来的胜利将是他们共同的毁灭，但这些平民已经从舞台上消失了。

尽忠报国已经被压倒了，利己主义占了上风。历史上的巴黎已经无影无踪，剩下的只是发财致富、骄奢淫逸、花天酒地、狂嫖滥赌的巴黎。

它已经不是那个曾使眼前的和远方的敌人发抖的巴黎了。今天，巴黎已经胆怯、懦弱。它追求的是佳肴美酒、歌场剧院、妙龄少女和靡靡之音。

去它的什么祖国和独立，还是大吃大喝吧！让阿尔萨斯和洛林见鬼去吧！不惜任何代价，停战与和平万岁！

威廉已不再害怕，他的口气又将强硬起来。他又一次看见在他面前的都是懦夫，这些懦夫不愿进行战争，尤其是当战争必然会建立他们所憎恨的共和国时。出卖阿尔萨斯却可以恢复君主政体，对于他们来说，简直是一桩黄金交易，他们最喜欢这种明输暗赢的赌博。

多付代价或者少付代价，对他们有什么损失呢？只要生意早

---

① 指 1870 年 9 月 19 日法国外交部长儒尔·法弗尔（Jules Favre，1809—1880 年）和俾斯麦在费利埃-昂-勃里（塞纳-马恩省）别墅举行的会谈。法弗尔要求维持法国的土地完整，而俾斯麦则要求把阿尔萨斯—洛林归并给德国。会谈没有结果。

② 俾斯麦（Otto-Edouard-Léopold Bismarck，1815—1898 年），普鲁士和德意志的政治家，他深信君主政体的优越性。他是普法战争的主要发动者，从 1867 年起他就开始准备这场战争。从 1871 年起，俾斯麦成为德意志帝国的宰相。

日作成，管它停战的代价是多少？解围的代价是多少？法兰西的奇耻大辱和亡国灭族的代价又是多少？

起义已被镇压下去了。交易所和教会成了国家的主人。人们就会看到它们的行动。国家完了，除非人民卷土重来，把国家从这两个瘟疫中拯救出来。

（五）反动派和俾斯麦的公开联盟

（1870 年 11 月 25 日）

奥尔良保王党人和波拿巴保皇党人之间缔结了联盟。

甘必大在 11 月 28 日给政府的报告中写道："他们已联合一致。两党要求成立一个国民议会，并且不遗余力地促其实现。"

不妥协的甘必大先生[①]，开始立功赎罪了。共和党人对他的上台曾助了一臂之力。而他一旦掌握了政权却把共和党人一脚踢开，把他们出卖给敌人，企图获得敌人的恩典。

真是幻想！人们收买了变节者，给了他们金钱，却不接纳他们。他们自己总是痴心妄想地认为已被接纳，反动派正在着手编造第二批流放者的名单。流放第一批人的宪兵，将被列在第二批

① 莱翁·米歇耳·甘必大（Léon Michel Gambetta，1838—1882 年），政治家，出色的演说家。开始政治活动时自称是民主党人。帝国崩溃后，他负责国防。他拒绝接受俾斯麦的媾和条件（1871 年），随后他逃往西班牙。

巴黎公社之后，他是共和党的领袖，阶级调和和机会主义的倡议者。在 1881 年竞选大会上，他号召工人放弃斗争，实现阶级调和。

名单的最前列。甘必大曾用马鞭打过共和党人，现在要轮到他挨马鞭抽打了。

他早已令人怀疑了。他口头叫喊抵抗。他曾为巴宰纳[①]发表过声明，而巴宰纳是保守党的希望和宠儿，社会的救星！为了镇压无政府主义，巴宰纳愿意随同他的军队和普鲁士人一起前进。

“两党都要求成立一个议会，并且不遗余力地促其实现。”甘必大这句话使他罪无可赦。他不应该弄错，法国保守党的党魁就是俾斯麦。合法政府不是在巴黎，而是在凡尔赛。俾斯麦要求成立一个议会，他知道，有钱阶级是支持他的，而这些掌握选票的阶级，通过他们的势力和外来恐怖的影响，会选出一个普鲁士的、君主政体的议会。

只要浏览一下这里的反动报纸就明白了。昨天，人们不是在这些无耻的报纸上读到了它们在国王威廉那里的代理人在普鲁士《总汇通报》上发表的恬不知耻的诽谤文章吗？这些报刊还把这篇文章称为“重要文献”呢。

的确很重要，因为这是他们自己在巴黎发表的对10月31日牺牲者所作的诽谤的复制品，从而暴露了他们同俾斯麦的亲密关系。他们又让俾斯麦在凡尔赛翻印了这篇下流文章，他们竟无耻到这样的程度，居然吹嘘他们同敌人的公开合作。把这篇文章作为道德权威来引证。

---

① 阿西尔·弗朗斯瓦·巴宰纳(Achille Frauçois Bazaine，1811—1888年)，法国的反动军人、煽动家和元帅。1870年10月27日，他出卖祖国，把麦茨放弃给普鲁士人，为普鲁士人打开了通往巴黎的道路；为了扼杀共和国和重建君主政体，他还同普军司令进行了谈判。

人们看到，事情的发展异常迅速。俾斯麦和他在巴黎的伙伴们，指责市政厅对付10月31日的“匪徒”过于软弱宽容。我们的统治者只有唯命是听才行。他们的一只脚已经进了监狱，因为反动派从此以后有普鲁士的士兵作为宪兵，并且北方的首相不会拒绝他的那些好朋友的任何要求。只要他们把适合他口味的省份割让给他，那么他们就能够同他的警察一道随意地绞杀、枪毙和流放违反普鲁士国王和君主派意志的“匪徒”。

谁能相信这回事呢？儒尔·法弗尔先生[①]本人，这位为当前局势唱挽歌的伟大人物，不久会是一个无政府主义者，也许会是一个“匪徒”。他不接受俾斯麦以及他在巴黎和凡尔赛的报刊提出关于召开国民议会的命令。他胆敢说：“需要分裂和削弱国家的抵抗力量，就足以说明这是一道什么命令，以及不服从就遭到谴责。”

这就是市政厅这个大诗人全力反抗今天以威廉的伟大首相为化身的代表秩序的人物，他将受到在巴黎的普鲁士报纸的排斥。这家报纸对他已经不是用像对老革命者那套办法，而是公然发表带有巨大威胁性的、无意味的文章。

但愿人们不要忘记，巴黎的普鲁士报纸，就是反动派。反动派也就是社会。是的，今天法国社会以普鲁士国王为代表，而它的喉舌就是普鲁士国王的首相。

至少，这并不是说法国热爱威廉。差得远呢！法兰西社会并不是法兰西国家。别混淆这两个迥然不同、互相敌对的概念。社

① 儒尔·法弗尔，政治家，共和党的温和派。1848年制宪议会议员。帝国崩溃后，担任外交部长，曾积极参加镇压巴黎公社和组织白色恐怖。

会,就是资本;国家,却是劳动。一个是主人;而另一个是奴隶。

人们经常反复问道:“为什么把这两个不可分割的、互相敌对的东西区分开来呢?”它们是不可分割的。没有主人就没有奴隶;没有奴隶也就没有主人。有待解决的问题将是:既不要主人,也不要奴隶。可是不再在这方面多谈了,离题太远。我在其他地方曾讨论过这个始终有着强烈吸引力的主题。不该再谈下去了,目前也不是谈的时候。让我们再来谈谈政治。

毫无疑问,社会统治着国家,而且统治得很不好。结果是社会和国家这个两位一体的人摔起交来,最后还是像原先一样地站着。于是摔跤又重新开始。可是这一次,摔跤不那么简单,由于有一个打击弱者,以便掠夺的第三者参加而复杂化了。

实质上,弱者是有双重性的,外国强盗根据惯用的手法,向搏斗双方中的一方提供支援,以给酬报为条件,打倒对方,建议已被接受。但是,受伤的搏斗者拒绝了这种负担太重的调解,并要求继续争吵。

普鲁士国王,这个外来的强盗,受到了他想要重新扶植起来的法国社会的欢迎。国家不满地以无比的愤怒拒绝了普鲁士国王。国家对它的罪恶政府深感厌恶,并坚持在痛打侵略者和使侵略者的同谋者就范之前,绝不结束战斗。

国家能否得胜,是十分值得怀疑的。它原先占过优势,但由于缺乏经验和意志薄弱而失去了优势。社会,它的敌人,是异常强大的。人数众多的群众,受到无知和贫穷的限制,不能战胜金钱和知识这种少数特权。

我们又一次目击人民的失败。然而,这次胜利将比过去任何一次都要罪大百倍，因为胜利者将凭借日耳曼强盗的恩典而取得胜利。

这就是盲目的群众至今还没有看清楚的地方，而以后再看清楚已经太晚了。

然而，这一胜利很快使人意识到有人卖国，而卖国贼是不可能长期从胜利中得到好处的。

（六）侵略者（1870 年 12 月 5 日）

并不是我们把德国强盗引进来的。威廉徒然每天反复叫喊德国受到挑衅。他在撒谎。谁不知道这事呢？

战争的挑衅者，就是这个四年来暗地里不声不响地准备侵略和消灭我们国家的人。

战争罪犯，就是那自称为优秀人种的民族，他们把全人类当做他们天然的垫脚石。

难道法国人怨恨日耳曼民族吗？他们不过是不理睬德国人的狂暴和诅咒罢了。他们甚至对这些卑鄙手段不闻不问，这更是一个侮辱，它增加了这些偏执狂者臆想的不满。

是的，在整个德国都布置了陷阱。德国认为法国是一个可诅咒的、应受上帝惩罚的国家，因而它像阿提拉[①]一样谦虚地自命是天灾，跨进了我们的国土。这个全能之神，公正裁判的捍卫者，具

① 阿提拉（Attila），匈奴族首领，死于公元 453 年，曾率领匈奴人残暴蹂躏高卢（公元 451 年）和意大利（公元 452 年）。——译者

有他同类人的习惯,职业上的特殊习惯——穷凶极恶。一切上帝的复仇者都是妖魔鬼怪。

假仁假义是他们的第一个品质,是其他一切品质的根源。难道像霍亨索仑这样的陷阱还不可恶吗?难道还能选择更好的手段来引诱牺牲者吗?欧洲立刻懂得了这一点,尽管她嫉妒我们,但谴责了俾斯麦。

但俾斯麦是了解他的波拿巴的。他知道波拿巴希望找到任何的借口来摆脱革命。俾斯麦援助波拿巴正是为了要溺死他。

俾斯麦打算在溺死波拿巴的同时也溺死法国,条顿人也这样打算。这些坏蛋!他们对拿破仑三世大发雷霆。难道我们所有的敌人都不愿意我们有拿破仑三世吗?他们不是兴高采烈地欢迎他十二月的罪行吗?他们在他身上看到了我们的灭亡,而当他们敲他的头时,只是为了使他深入我们的土地,好在那里扎根。

这个威廉,这个上帝的使者,他只是对波拿巴作战,而不是对法兰西人民作战的啊!可是,当法兰西人民推翻了这个坏蛋的时候,威廉又要使波拿巴重新骑在人民的肩上了!毫无疑问,这岂不是从上而下的惩罚吗?

法国几乎要沉没,因为它让波拿巴的合作者,一些有污点的、与波拿巴的司令部有接触的人,以某种身份掌舵。所以如果法国能够免于覆舟之祸,这几乎是个奇迹,因为虽然只是一阵狂风却能把它吹倒。只有这样愚蠢的舵手,才会使法国长期处于覆灭的边缘。

但愿法国终于站起来吧,让它来惩罚这些所谓的替天伸张正义者。

在胜利时，哪怕胜利只有一天，也会滋长傲慢情绪，这种情绪很难纠正。俾斯麦虽然受到武装人民的打击，还是不会自动改变这样的梦想：即坐在凡尔赛的宝座上，做路易十四，宣布："朕即国家。"同样可能，由于恐惧的结果，曾受蹂躏的居民们一旦站了起来，会认为胜利得来容易，从而让这个匪徒逃走。

这是不可饶恕的错误，为此将会付出重大的代价！像俾斯麦和他的德国人那样的匪徒是最坏的屡犯。如果巴黎逃出了他们的魔掌，就应该把它夺过来。假如被他们抢劫过的人民不惩罚他们，那么他们为什么不卷土重来呢？

这些匪徒曾经要用臆想的罪行惩罚我们，这些罪行是他们贪欲和嫉妒制造出来强加在我们身上的。他们自己的罪行遍及全世界。他们的学者难道不是在热烈的掌声中说过，不是拉丁民族就是日耳曼民族应该消灭，因为他们的共存是互不相容的吗？

我们却主张各种民族共存，而且还主张各种民族互相友爱。那些似乎比较低级的种族也有他们独特的天赋，这个天赋在人世间占有它的地位。可是，当一伙匪徒阴险地向一个无仇恨的民族进攻，并且叫嚷他们是奉上帝之命来消灭他们的，那时，这个民族难道没有权利回答他们说："是你们的强盗种族将要灭亡呢！"

如果人民不消灭这伙强盗，至少也要把他们神妙的漫游的账单交给他们，要请他们付清这些费用。

我愿意相信，最后，不管怎样，人们不会不采取这种必要的预防措施，而且我们不幸的外省在阿提拉巡视之后会得到重大的赔偿。

五、有关武装起义的指示[①]

巴黎起义，如果用老一套的步调，今天就不再有任何成功的希望。

在 1830 年，只要人民奋起，就足以推翻一个政权，因为那个政权远远没有料到武装起义这种闻所未闻的事件，所以闻风丧胆，惊慌失措。

这样的事情也只能有这么一次。政府已经从中取得了教训，因此革命产生的政府仍然是君主制的、反革命的。政府着手研究了巷战，并且很快地在战术和军纪上自然取得了优势，胜过了缺乏经验和没有组织的人民。

然而，人们会说，48 年人民不是用 1830 年的方法取得胜利了吗？是的，但是绝不能再抱这种幻想：二月的胜利不过只是侥幸而已。如果路易·菲利浦顽抗到底，优势还是属于军队的。

六月的那些日子就是一个证明。在这些日子里，人们可以看到起义的战术带来了多么致命的后果，或者说得更确切些，起义根本没有战术。从来也没有过这样好的、十之八九可以战胜的机会。

---

① 这是布朗基 1868 年写的一篇论文的第一部分，原稿现存国立图书馆，在布朗基手稿，第 5 格第 9 本第 9 卷。请参看《思想》杂志第 19 期，1948 年 7—8 月号。

一方面，政府完全处于无政府状态，士兵委靡不振；另一方面，全体劳动人民已经站了起来，几乎肯定能够获得胜利。那么他们怎么会失败呢？这是由于缺乏组织的缘故。要了解他们的失败，只要分析一下他们的战略就够了。

起义爆发了。立刻在工人住宅区，许多地方，这里那里，都任意设置了街垒。

五个人、十个人、二十个人、三十个人、五十个人偶然凑在一起，大多数人没有武器，开始把车子推倒，把铺路的石块撬开，堆垒起来，堵住交通要道。这些街垒有时设在街道中心，但最常见的是设在十字路口。这许多障碍物勉强阻碍骑兵。有些时候，一个堡垒才略具雏形，建造者却又把它丢下去寻找枪支弹药了。

在六月，这样的街垒算起来竟有六百多个。而其中真正能独立作战的至多只有三十来个。其余的十九个或二十个没有开过一次火。由于那种情况，这些著名的战报大事宣扬占领了五十个街垒，其实这些街垒里根本连一个人也没有。

正当人们这样撬铺路石块的时候，另外小群的人四处奔走，解除警卫队的武装，拿走火枪兵身上的弹药和武器。所有这一切，都是没有一致行动，没有组织领导，各人随心所欲地进行的。

可是，一些比较高大的、坚固的、修建得较好的街垒逐渐吸引了集中在那里的警卫队。确定这些主要防御工事的地点并不是有计划的，而纯粹是偶然的；其中也有个别防御工事，由于一种可以理解的军事占领上的需要才矗立在大路的隘口。

在这次起义的第一阶段，军队也集合起来了。将军们收集和研究了警察局的报告。他们极力避免在没有可靠的情报下，就拿军队去冒险，因为冒险不成反而会挫折士气。当他们弄清楚了起义者的阵地以后，他们就把军队集中在不同的据点上，这些据点构成后来作战的基地。

军队就在眼前。人民在战术上的缺点马上就要彻底暴露；这就是灾难的必然原因。

没有一个统帅部，因此就没有领导；战士们之间也没有任何配合。每个街垒都有自己的队伍，人数多少不等，但总是孤立的。不管他们是十个人还是一百个人，他们都同其他防地没有任何联系。往往连一个领导人来指挥防务都没有，而且即使有一个领导人，也几乎起不了什么作用。士兵们想怎样就怎样：一个走了，另一个来了；他们的去留完全随他们自己高兴。到了晚上，他们都去睡觉。

由于这种不断的来来往往，人们可以看到在场的公民人数迅速地发生变化，有时少了三分之一，二分之一，有时少了四分之三。谁也不能依靠谁。于是很快就对胜利失去了信心，丧失了勇气。

其他地方发生了什么事情，人们一无所知，更不关心。谣言四起，时喜时忧。人们在酒店柜台前喝酒，若无其事地听着炮声和枪声。至于支援受攻击的阵地，人们根本没有这样想过。最坚定的士兵也只说："只要每人保住自己的阵地，那一切都会顺利进行。"这种怪论说明了为什么大多数起义者都留在他们自己的区域里战斗；这是造成了不幸后果的主要错误，其中之一是在失败后受到邻人的告密。

因为，像这样的组织，失败是不可避免的。在两三个联队扑到一个街垒上，把几个防卫者打死之后，失败终于来临了。所有的战斗，不过是这种不变的打法的单调重复。当起义者在他们的铺路石堆后面抽烟的时候，敌人先后把他们的全部力量集中在一个点上，然后是第二个，第三个，第四个，等等，就这样各个击破地扑灭了起义。

居民们都不愿意影响这项愉快的工作。每一个队伍都像哲学家似地等待轮到自己头上，而不考虑去援助邻近的战友。不！不能！“他在保住自己的岗位，不应该放弃它。”

就是这样，多少人作了无谓的牺牲。

由于这种极为严重的错误，伟大的48年巴黎起义竟像玻璃似的被最卑鄙的政府粉碎了；面对着现在拥有科学技术的可怕成果，铁路、电报、来复线炮、夏斯波枪为之服务的野蛮的军国主义，如果它再干出同样的蠢事，那会造成多么可怕的灾祸呢？

举例来说，目前在城市里四通八达的战略公路，并不应该算是对敌人有利的新东西。人们如果害怕这些公路，那就错了。公路并不足以使人担忧。它决不至于像人们想象的那样，给起义造成新的危险，相反的，它对双方都各有利弊。如果说军队在战略公路上行动更为方便，那在另一方面，他们也就更容易暴露自己。

这种街道在枪林弹雨之下是很难通行的。此外，阳台，这个小型的棱堡，从侧翼进行射击，这是普通窗户所做不到的。总之，这些又长又直的大道完全可以名副其实地叫做大马路，这的确是真正的大马路，它构成了力量非常强大的天然防线。

在巷战中最好的武器是步枪。大炮的声音比作用大。炮兵只能造成严重的火灾。但是。这样大量地、系统地使用残酷屠杀的方式，反过来会很快殃及炮兵本身，并且造成他们自己的失败。

手榴弹，人们有个坏习惯把它叫做炸弹，它是一种次要武器，它本身具有许多不便之处。它需要消耗大量火药但是效力不大，使用时非常危险，爆炸范围极小，只能从窗口扔下来。铺马路的石块，几乎可以起到手榴弹的作用，而成本却低得多。工人们无需浪费钱。

屋子里作战最好的武器是左轮手枪，其次是白刃，即刺刀、长剑、马刀和匕首。在进行肉搏时，长矛或八尺长戟就能战胜刺刀。

军队比老百姓只多两个有利条件：夏斯波枪和组织纪律。特别是后者的力量是巨大的，不可抗拒的。好在人们能够剥夺这个有利条件。做到这一点，上风就转到起义者方面来了。

在内战中，士兵们除了极少数的例外，都是带着厌恶的情绪，被强制和被白酒推上战场的。他们原来是不愿意参加内战的，他们宁可向后看，而不愿向前看。但是，一只铁手卡住了他们。他们是残酷的军纪控制下的奴隶和牺牲者，对政权没有任何感情，他们仅仅屈服于恐惧，没有一点主动精神。一个支队一被切断就完蛋了。指挥官们不是不了解这点，因此他们最关心的是保持各部队之间的联系。这种必要性减少了他们的一部分实际兵力。

在人民的队伍里，却毫无共同之处。在这里，人民为理想而战斗。他们的忠诚超过了敌人，他们的智力更远远超过了敌人。在精神上，甚至于在身体上，他们的信念、活力、无穷的智谋，身体和精神的生气勃勃，都超过了对方。他们有头脑，有勇气。世界上没有任何一个军队能和这些优秀人物相提并论。

要战胜敌人，他们缺少什么呢？他们缺少统一行动和整体观念。统一行动、整体观念能使他们在向同一目标前进时，充分发挥这些优良品质，而孤立作战却会使这些品质不起作用。他们缺乏的是组织纪律。没有组织纪律，不可能取得任何胜利。组织纪律就是胜利；散漫就是灭亡。

1848 年六月已经使这一真理成为无可争论的了。那么，今天的情况怎样呢？如果人民采取旧的方法，军队看到他们面前的仅是无纪律、无指挥的力量，他们就会坚持抵抗，全体人民就会遭到失败。相反，如果看见巴黎人民军队很有秩序，完全根据战术规则运动，政府士兵就会惊慌失措，放弃抵抗。

一个军事组织，尤其是在战场上必须立刻起作用的时候，对于我们的党来说，不是一件小事。军事组织需要有一个统帅部，还要某种程度的、按照惯例的、一系列的各级军官。那么到哪里去找这些人材呢？资产阶级出身的革命者和社会主义者是极少数，这少数人也仅仅只能拿笔杆进行战争。这些先生们用他们的书报来扰乱世界，十六年来浪费了无数纸张，但是失望并没有使他们厌倦。他们像马一般忍受马勒、马鞍和马鞭，从不起来反抗。去你的吧！还要反击吗？那该是粗人干的事。

这些耍笔杆的英雄看不起刺刀，正如大老粗看不起他们的陈词滥调一样。他们似乎没有想到力量是自由的唯一保证，如果一个国家的公民不会使用武器，并把使用武器的特权交给一个阶级或一个行会，那这个国家就成了一个奴隶。

在古老的共和国里，在希腊和罗马，全体公民都知道战争的技术，都打过仗。那里不知道有什么职业军人。西塞罗(Cicéron)当过将军，恺撒(César)曾是律师。在脱掉长袍穿上军服以后，任何人都是上校或上尉，都精通自己的专业。只要法国不是像希腊、罗马这样的国家，我们就会成为文质彬彬的人，让那帮冒充好汉的军人任意宰割。

成千上万受过教育的青年，无论是工人阶级或是资产阶级都在可恶的枷锁下战栗。他们有没有想到过拿起刀剑来粉碎枷锁呢？不，他们只拿笔杆，笔杆，永远是笔杆。作为一个共和党人的责任，为什么不既拿笔杆又拿刀剑呢？在暴政统治时期，写作虽好，但当奴隶的笔杆已无能为力时，战斗却是更好的办法。哎呀，完全不对！要办报纸，还会坐监牢，谁也不想打开使用武器的书来学习二十四小时，虽然这种技术就是我们压迫者的一切力量，虽然这种技术能使我们为自己复仇，能使我们惩罚我们的压迫者。

可是，这些怨言又有什么用呢？用悲叹代替行动，是我们时代的愚蠢风气。这种风气是耶利米[①]式的。耶利米摆出各种不同的姿态：痛哭流涕，无情攻击，满口教条，包办代替，暴跳如雷，他本身就是灾难中的灾难。让这些挽歌的流泪者，让这些自由的掘墓人滚开吧！一个革命者的天职，就是不断地斗争，不顾一切地斗争，一直斗争到死为止。

要组成一支军队会缺少干部吗？当然！应该在战斗中就地临时凑起来。巴黎人民会提供干部人才：老士兵和前国民自卫军。他们人少，将使军官和军佐的人数不得不压缩到最低限度；这没多大关系，志愿兵的忠诚、热情和智慧，可以弥补这个军官不足的缺陷。

重要的是无论付出什么代价也要组织起来。不要再搞这些混

① 耶利米（Jérémie，约公元前650—前590年），以色列的四大先知之一。《圣经》载有《耶利米书》、《耶利米哀歌》。——译者

乱、孤立、分散、盲目行动、毫无纪律、没有一点集体思想、各自一方、完全根据自己意愿办事的起义！不要到处杂乱地设置街垒，对自己和对敌人都一样浪费时间，阻塞街道，妨碍交通。共和党人应该和军队一样有同样的交通自由。不要走冤枉路，不要混乱和喧嚷！每一分钟和每一步路都同样是宝贵的。尤其是不要困守在自己的街区里，像起义者所经常做的那样，结果遭到了巨大的损失。这种怪癖在造成失败之后，还容易使起义者遭到放逐。必须纠正这种怪癖，否则还要遭到灾难。

（1868 年）

布朗基传略

不断地斗争，不顾一切地斗争，一直斗争到死为止，这是一个革命者的天职。

——A. 布朗基

路易·奥古斯特·布朗基(Louis-Auguste Blanqui)于1805年2月1日生于距尼斯约五十公里的小县城普格德尼(阿尔卑斯山——滨海省)。他的父亲，多米尼格·布朗基(Dominique Blanqui)曾是国民公会议员和吉伦特党成员。他由于赞同波拿巴政变，于1800年被任命为普格德尼的县长。路易·奥古斯特的母亲索菲·伯利翁费勒(Sophie Brionville)，生于皮卡尔迪，姿容秀丽，品德高尚。布朗基从他身上继承了果敢坚毅的性格。她一直到死，都对她儿子表现了伟大的母爱。她六十岁时，还为她儿子和她儿子的朋友积极策划从圣米歇耳山监狱越狱；在她七十五岁那一年，她到了贝尔岛再一次帮助她儿子和他的同志卡扎旺(Cazavan)策划越狱的事。奥古斯特的哥哥、著名的经济学家阿道夫·布朗基(Adolphe Blanqui)，在年轻时代和奥古斯特有深厚的手足情谊；他当时赞同过奥古斯特的政治观点，可是不久之后就和他分道扬镳了。

相反，布朗基一直和他的姐妹保持很好的关系，昂士瓦恩夫人和巴雷利爱夫人(Mmes Antoine et Barrellier)在他一生中给了他很大的帮助。她们同情他的革命活动；他受苦的时候，她们关怀他；他关在监狱里的时候，她们照顾他，从精神上和物质上帮助他；他住在巴黎的时候，她们掩护他。

布朗基十三岁的时候到巴黎去找他哥哥阿道夫，当时他哥哥在玛珊学校[①]担任教师。在1818—1824年六年之间，年轻的布朗基先后在玛珊学校和查理曼中学学习。他以极大的热情和非凡的努力对待他的学业，他的才能使他周围的人感到惊讶。他哥哥阿道夫在给他父亲的信中说："这个孩子将会震撼世界！"

十九岁的时候，布朗基以优异的成绩结束了中学的学业。最初他在孔庞(Compans)将军家做了两年家庭教师，后来又在玛珊学校当辅导教员。1824年，他加入了烧炭党[②]人的秘密组织。1827年，他参加了所有的学生运动，曾经三次受伤，两次被刺刀刺伤，一次是11月19日在乌尔街的街垒上被子弹打伤。

在1828—1829年间，他游历了法国南方、意大利和西班牙，1829年8月回到巴黎。随后，他在《地球报》做了几个月速记员。在这段时间里，他接触了圣西门和傅立叶的空想社会主义学说。

1830年7月，反对查理十世法令的浪潮刚刚掀起时，布朗基就离开了《地球报》编辑部，用他自己的话来说，他立即"拿起了枪

① 遵照拿破仑一世制定的中学教学制度，玛珊学校的高班生在查理曼中学上课。

② Carbonari，19世纪初期在意大利组成的秘密团体，因最初在森林里烧炭场所集合，故名烧炭党。复辟王朝时代这一组织扩展到法国。它的主要目的是发扬自由主义思想和争取意大利的统一。——译者

杆，戴起了三色帽徽”。在革命的日子里，他站在巴黎人民一边，反对查理十世的军队。渴望斗争的布朗基深信人民必将取得胜利，专制制度和套在人民身上的枷锁这一次会被彻底粉碎。革命的结果使他失望：专制制度在新的形式下复活了；“资产阶级国王”路易·菲利浦代替查理十世登上了宝座。

革命后不久，布朗基加入了由歌德弗尔乐·卡芬雅克（Godefroy Gavaignac）领导的、竭力宣传共和思想的“人民之友社”，布朗基经常在“人民之友社”的集会上发言。由于一个偶然的机会，亨利·海涅（Herri Heine）听了他在 1832 年 2 月 2 日的讲演，认为是一篇“充满生命力、义正词严、对资产阶级充满愤怒”的演说。这篇演说是对着一千五百个听众发表的，演说的气氛会使人回想起 1793 年的情况。

在七月王朝的头两年，布朗基积极参加了几次学生示威游行，1831 年初，他被警察逮捕，关进了福尔斯监狱，三个星期以后才被释放。福尔斯监狱是布朗基所坐过的许多监狱中的第一个，他在这些监狱里度过了半生。

1832 年，路易·菲利浦政府的内务部长加西米尔·彼里埃（Casimir Périer）企图解散“人民之友社”和逮捕该社领导人，并以违反出版法令和阴谋危害国家安全的罪名审判“人民之友社”。1832 年 1 月，布朗基、拉斯拜尔（Raspail）、托雷（Thouret），于贝（Huber）和其他领导人一起被捕。这就是 1 月 10 日到 12 日在塞纳省刑事法庭上公审的著名的“十五人案件”。刑事法庭宣告了其他被告无罪，而布朗基进行的辩护，却招致检察官对他以危害社会治安罪，提起公诉。他被判处一年徒刑和二百法郎罚款。最初他被关在凡尔赛监狱，后来转到巴黎圣彼拉奇监狱。

然而，这些考验只能使布朗基变得更加坚强。出狱之后，他更加集中精力来宣传革命思想。同时，无论是在社会问题方面或者是在政治方面，他都扩大了知识，加深了认识。在这期间，布朗基受到巴贝夫(Babeuf)的朋友邦纳罗蒂(Buonarroti)传播的“平等思想”光荣传统的影响。他也受到了学者和革命家拉斯拜尔一定的影响。在七月王朝最初的几年里，革命运动风起云涌。1831 年 9 月巴黎人民的骚动，1831 年 11 月里昂工人的起义，1832 年 6 月巴黎共和人士的起义，1834 年 4 月里昂工人的第二次起义和它对法国其他城市的影响(4 月 13 日和 14 日的巴黎起义和它的悲惨结局，特朗斯诺南街的大屠杀)，这一系列历史事件只能更加增强布朗基的革命信念。

1832 年，布朗基和苏珊恩·阿美利·塞尔(Suzanne-Amélie Serre)结了婚。但是幸福的家庭生活并没有妨碍他的社会活动。1835 年，在他的积极参加下成立了秘密团体“家族社”，它的纲领中不仅提出了政治目标，而且还提出了社会目标。

“家族社”成员在路尔西那大街一百一十三号制造炸药准备起义。1836 年 3 月由于有人告密，警察当局发现了这个组织，逮捕了它的二十四个成员，其中包括布朗基。由于他参加了所谓“炸药事件”的密谋，1836 年 10 月 23 日，被判处两年监禁和二千法郎的罚款。他被送进了丰特夫罗尔中央监狱(曼恩-卢瓦尔省)。

1837 年 5 月 8 日，奥尔良公爵结婚，颁布了大赦令，布朗基被释放了，但是把他送到逢土瓦兹地区受警察管制。他和他的全家定居在风景如画的瓦兹河边的让西村。在让西的这一时期是布朗基一生中最平静的时期。就是在这里，他仍然不断考虑国内大事和怎样建立人民政权。他认为成功的重要条件是建立一个团结一致、纪律严格的密谋者的核心。1837 年，他创立了一个新的组织——“四季社”来代替“家族社”，这个组织的领导人有布朗基、巴尔贝斯(Barbès)[①]和马丁-贝纳尔(Martin-Bernard)。

1839 年，布朗基认为发动起义的大好时机已到。这一年，经济危机进入了激化阶段，广大人民更趋贫困，失业现象日益增加。政治危机进一步加深了经济危机；下议院已经解散；内阁总理摩莱(Molé)辞职。路易·菲利浦未能组成新内阁。巴黎的人民激愤起来。

1839 年初，布朗基回到巴黎。当时，密谋者们认为发动武装起义，推翻君主政府，建立革命政府的时机已经来临。可是缺乏武器，他们决定发动起义时，夺取军械局的武器。起义的日期定于 5 月 12 日，因为那天举行的赛马可能会转移市区警察和部分资产阶级的注意，市政厅的防卫工作将会放松。到了预定日期，五百多武装革命者聚集在圣德尼街和圣马丁街，在布朗基发出信号后，进占了市政厅。但他们很快就被国王的军队包围起来。一场力量悬殊的战斗持续两天多，起义终于被镇压下去了。巴尔贝斯受伤被捕；布朗基侥幸脱逃。但在 10 月 14 日，当他准备乘马车去瑞士时不

① 阿尔芒·巴尔贝斯(1809—1870 年)，法国小资产阶级革命家。他曾同布朗基一起成立秘密革命社团，“家族社”和“四季社”，领导过 1839 年 5 月 12 日的起义。在 1848 年革命初期，担任“革命俱乐部”主席，被选入国民议会。在这个时期，巴尔贝斯站在临时政府方面，他的政治立场向右转，开始接近小资产阶级民主主义者。布朗基和巴尔贝斯由于原则性的立场不同而发生冲突，使得巴尔贝斯越来越嫉妒布朗基的威信。——译者

幸被捕。在1840年1月受审时，他拒不招认，被判死刑后同巴尔贝斯一样减为无期徒刑。他被送到圣米歇耳山监狱，这监狱是法国最黑暗的监狱之一，它是矗立在岩石上的一座庞大的石头建筑物，和岩石混成一体。这座古老的修道院，从17世纪末才成为监狱。

七个月以前，巴尔贝斯、马丁-贝纳尔、德耳萨德(Delsade)和其他一些人曾被关进圣米歇耳山监狱。这个监狱的管理制度是可怕的：铁镣、拷打、苦刑、狱吏的辱骂、肮脏、虱子，这一切痛苦和折磨使一些人自杀，使另一些人发疯。布朗基立刻准备越狱逃跑。

在动身去圣米歇耳山监狱之前，布朗基已经约定他的妻子迁往离监狱不远的地方居住，但她由于病魔缠身，一直不能实现这个计划。在整整一年的时间里，布朗基等待着她的病愈。苏珊恩·阿美利却不幸于1841年1月31日去世，当时她不过二十六岁。这个噩耗给布朗基带来了严重的打击。他自己也承认，在好几年中，他每天都念念不忘他的妻子。布朗基的儿子在外婆家接受了宗教教育，这种教育使他后来反对自己的父亲。

越狱工作在布朗基母亲的参与下，经过长时间的准备之后，布朗基、巴尔贝斯、马丁-贝纳尔、于贝准备逃走。但这个计划最后遭到了失败，监狱的看管比过去更严了。

监狱恶劣的生活条件威胁着本来就很虚弱的布朗基的健康。1844年，布朗基被监禁在圣米歇耳山监狱四年以后，被转移到图尔监狱，不久送进了医院，在那里仍然受到严密的监视。而其他起义者则被转移到别的监狱。当医生诊断布朗基的病已不可救药时，路易·菲利浦在1844年12月6日对他宣布特赦。但是布朗基坚决拒绝接受国王的恩赐。在他 12 月 26 日致图尔市长的一封措词激烈的信中,他曾公开地作了这样的表示。他留在医院里,卧床二十个月。直到 1845 年 10 月,才能起床,并逐渐恢复健康。在图尔医院期间,许多工人和政治活动家纷纷前来探望。他又和革命人士重新取得了联系。1846 年,由于经济危机,图尔市发生了多次暴动,当时有人告发,说当地的共产主义社团是在布朗基的唆使下发起暴动的。因此,布朗基再度入狱。1847 年 4 月 26 日到 29 日在布卢瓦进行审判时,由于缺乏证据,布朗基又被放回,重新回到图尔医院。

1848 年的二月革命,才解放了他。

2 月 25 日他到达巴黎。许多秘密社团的成员,他的新老拥护者和年轻的革命者,都开始团聚在他的周围,因为在他们心目中,布朗基的名字就是为共和政体而斗争的象征。

就在 2 月 25 日,布朗基得知临时政府无视人民群众的要求,竟然拒绝在市政大厅上空悬挂红旗。秘密社团的成员知道这个消息后,感到极大的愤慨,他们都聚集到普腊杜大厅,商讨措施,准备向政府施加压力。当时,成千上万手拿武器的秘密社团的成员和革命青年,准备前去推翻临时政府。而布朗基却以有力而冷静的演说,劝告当时在场的人不要这样做。他主张先看一看临时政府今后的行动,不要鲁莽从事,以免政权落入反革命分子的手里。

同一天晚上,布朗基和德萨米(Dézamy)在普腊杜大厅成立了一个取名为“中央共和社”的俱乐部。从此,布朗基主要就在这里从事他的活动。他成了这个社的主席和思想领导人。每天,布朗基都在“中央共和社”所在的贝热尔街音乐学院礼堂内讲演,向“中央共和社”的成员们讲解当时发生的事件，提出未来的计划，并号召他们行动起来。

在革命的初期，布朗基对工作从来没有放松过。不管是在工人住宅区，还是在俱乐部内部，他都注意发展社员，团结那些忠于革命的人。他不久就对临时政府的政策感到失望。从3月2日起，他一直要求临时政府采取坚决的行动。

布朗基看到人民进行立宪会议的选举在思想上没有做好充分的准备，如果立即进行选举，结果必然会使政权落入反动分子的手里。因此，在3月7日和14日，他在“中央共和社”发表演说，要求推迟原定在4月9日举行的选举；3月17日，他又组织了一次和平的，但给人深刻印象的示威游行，在游行时参加者高呼口号，要求延期举行选举。

法国的阶级斗争日益尖锐。资产阶级完全了解布朗基是他们最危险的一个敌人。反革命当局不遗余力地想消除布朗基对工人群众的影响。他们对他发动了一次诽谤运动，其中最丑恶的攻击是警察当局编造了一本所谓《塔色罗文件》的诽谤性小册子。简单地说，事情的真相是这样的：塔色罗(Taschereau)是一个毫无原则的新闻记者，他毫无区别地效忠于各个不同的政府，在现政府的唆使下，1848年3月31日，他在自己发行的《回顾杂志》第一期上发表了一个文件，题为“×××就1839年5月12日事件向内务部长的招供”。根据这文件，供词是1839年10月22、23、24日招认的，那正是布朗基由于5月12日事件被捕的时期。供词的内容和观点企图使人相信，这一“供词”是布朗基招供的，仿佛是布朗基在同内务部长三次会面中泄露了“家族社”和“四季社”的秘密，出卖了这两个组织的主要领导人，最后还供出了 5 月 12 日示威前的一些情况。这个文件没有人签名，看得出是根据打入秘密组织的特务伪造出来的。发表这个文件的目的显然是要用造谣诬蔑的手段来毁坏布朗基的威信，减少他对革命的影响。4 月 14 日，布朗基发表了《公民奥古斯特·布朗基的公开回答》，上面有他的五十个朋友的联合签名。在这篇文章里布朗基痛斥了《塔色罗》文件编造者的无耻行径，指出这些造谣诬蔑是荒唐无稽的。

> 我这个衣衫褴褛、遍体鳞伤、衰弱不堪的人，竟被栽上了叛徒的罪名！而路易·菲利浦的走狗反而摇身一变，成了拥护共和国的漂亮蝴蝶，在市政厅的地毯上翩翩起舞…… 市政厅的反动分子们，你们是下流的东西！

四百多个前政治犯联名抗议对布朗基的诬告。这抗议书发表在 4 月 14 日《论坛报》和 4 月 15 日的《国民报》上。捍卫布朗基的声誉的人中间有德萨米。而布朗基的一位老战友，阿尔芒·巴尔贝斯却站在诽谤者一边。

这一打击是沉重的，然而布朗基并没有因此而停止一天的革命工作。

4 月 16 日，他来到马尔斯广场，工人们正聚集在那里选举国民自卫军的参谋。他们将从那里出发到市政厅去向政府递交请愿书，要求“组织劳动就业，取消人剥削人的制度”。但是，工人们遇到借口“挫败共产主义者阴谋”而动员起来的国民自卫军的阻挡。

4 月 23 日立宪会议选举的结果证明了布朗基要求推迟立宪

会议的选举是英明和有政治远见的。选举那天，许多城市都发生了街垒战。资产阶级和工人阶级的冲突，4 月 27 和 28 日在鲁昂表现得最为激烈，工人们真正地遭到了屠杀；这是一次新的“圣巴托罗缪之夜”。布朗基为这一事发表了声明，指出政府要对这一次屠杀负责，他问道：“这是对人民的背叛还是怯懦的行为？人民流的鲜血，不应该也不能白流。”

立宪会议于 5 月 4 日召开了第一次会议。议会正式承认在法国成立的资产阶级共和国是合法的。在新政府里，没有工人代表的席位。巴黎的人民群众大失所望。5 月 15 日的示威表现了他们对政府新措施的不满情绪。工人们为了对临时政府施加压力，冲进了正在进行立宪会议的会场。他们要求政府立刻援助波兰的起义者。布朗基在立宪会议上发表了演说；但他并不是这次示威运动的倡导者；相反，他认为这次示威可能失败，曾试图阻止他的俱乐部成员参加。在立宪会议上，布朗基要求立即支援波兰人民，追查鲁昂事件，惩办凶手，更重要的是要求实行社会改革：使全体失业工人就业，改善工人阶级的生活条件。

示威群众宣布解散立宪会议后，冲向市政厅，在那里成立了由巴尔贝斯、拉斯拜、阿尔伯(Albert)、赖德律-洛兰(Ledru-Rollin)、路易·勃朗(Louis Blanc)等人组成的新政府。布朗基当时没有到市政厅。但是，市政厅很快就被军队占领了。军队驱散了群众，逮捕了巴尔贝斯和阿尔伯。布朗基躲藏了十一天，到 5 月 26 日被捕，并被送入了文森堡监狱。

布朗基听到巴黎无产阶级的六月起义被资产阶级淹没在血泊中以及白色恐怖十分猖獗的消息时，对于自己在狱中无能为力而感到痛苦。一直等到 1849 年 3 月 7 日，在布朗基入狱九个月以后，高等法院才在布尔日审讯 5 月 15 日示威参加者的案件。

审判在布尔日举行。这时布朗基已经四十四岁。他脸色苍白，形容憔悴，头发全白，看起来像一个老人。但是，尽管监狱生活还是艰难困苦，都没有动摇过他的意志。像在 1832 年“十五人案件”时一样，布朗基是自己的辩护人。

> 站在维护人民事业的前哨，我所受到的打击从来不是直接针对我的。时间已经完全证明：不论用谁的手向我发射的箭都是通过我的身体打击革命。这就是我的辩解，也是我的荣誉。

在最后一次法庭审判中发生了巴尔贝斯和布朗基冲突的痛心场面，因为巴尔贝斯又提出了“塔色罗”文件来攻击布朗基。在答复巴尔贝斯的攻击时，布朗基说：

> 古希腊把英雄时代的一切丰功伟绩都归功于赫克勒斯(Hercule)；反动派则把一切罪恶和暴行[①]都归罪于我。

布朗基在回答诬蔑他和他的朋友们曾经在 5 月 15 日企图用暴力解散立宪会议的指控时，带着讥讽的口吻回答说：他们是有组

① 国家高等法院在布尔日审理的《1848 年 5 月 15 日事件被告人案》，1849 年波尔多工人联合印刷所。

织起义和密谋经验的，所以绝对不会做出像5月15日那种示威的行动。于是他就在法庭上热烈地陈说了解散立宪会议可能采取的计划。

1849年4月2日，布朗基被判处了十年徒刑。他和巴尔贝斯被送进了小县城杜朗（松姆省）的一所监狱。

布朗基在杜朗监狱里待了十九个月。在这所监狱里，他按照平日的习惯，读了许多书，写了许多文章。1850年10月20日，他和其他一些政治犯被移送到大西洋中的贝尔岛监狱。在转移到贝尔岛的途中，布朗基在巴黎的马扎斯监狱中待了一个短时期。

在贝尔岛的监狱中，布朗基一直待到1857年12月。当时在贝尔岛监狱里，将近有二百五十名政治犯。这个监狱的制度并不十分严格。犯人们每天在一定的时间能够见面、谈话、在一起吃饭，等等。在这种时候，他们常常对政治和哲学的问题展开热烈的争论。他们很快就形成了两个对立的派别：布朗基派和巴尔贝斯派。起初，布朗基分子占少数。巴尔贝斯恰恰相反，他的周围聚集了那些反对布朗基和迫害布朗基的人。有一个时期布朗基甚至担心有生命的危险。他曾经建议同巴尔贝斯进行公开的辩论，但遭到了后者的拒绝，慢慢地，布朗基团结了大部分犯人，主要是工人囚犯。他们中间有许多人都来听布朗基讲解政治经济学。

1851年2月，在二月革命三周年的时候，布朗基写了一篇给在伦敦的法国流亡者的著名“献词”，题目为：“人民要警惕”，他谴责了路易·勃朗、赖德律-洛兰和其他1848年“社会主义者”的叛变行为。当时马克思住在伦敦，他把这篇“献词”译给了德国共产主义者看。马克思认为，这篇“献词”是对不久以前的阶级斗争的总结。

在贝尔岛，布朗基读了许多书，研究了哲学、政治经济学、自然科学和地理学，而他最喜欢的是地理学。他的母亲和姐妹给他寄了许多书籍和地图。布朗基常写一些文章、新书评论，并且和他的朋友们通信。他熟悉监狱外面发生的事情。1851 年 11 月，他写给曾在贝尔岛监狱中囚禁过的鲁日埃(Rouget)的一封信中，就预言法国发生政变迫在眉睫，果然，1851 年 12 月 2 日政变就发生了。1853 年，他就提到克里米亚战争是不可避免的了。

在监狱里度过半生的布朗基，对监狱环境有着惊人的抵抗力。像他这样衰弱的身体竟能经得住如此多次的考验，实在使人感到惊讶。由于他有一种罕见的精神力量，使他能够摆脱日常生活中的琐事，全神贯注于自己的内心世界。他规定了一套日常饮食起居的制度，严格地加以遵守。他注意体育锻炼，严格控制饮食：——不喝酒，少吃肉，尽量多吃乳制品、蔬菜和水果。在贝尔岛监狱，他花费了许多时间和劳动来种植窗前的一小片菜园，种植了草莓和蔬菜。

1852 年底，布朗基准备越狱。那时，他母亲和他十五岁的儿子来到贝尔岛。他母亲为他的越狱做了一切必要的准备。但是，内务部截获了他放在一个渔夫篓子夹层里的一封信，知道了这件事情。因此，布朗基单独被关进了地牢，看管也更加严了。

1853 年，布朗基和关在他隔壁牢房的卡扎旺重新准备越狱。他们想逃到英国去。于是他们设想了一个大胆的计划，要实现这个计划需要很长的时间。布朗基和卡扎旺在他们牢房里放了两个假人，穿着他们的囚衣，像他们平常那样坐着。为了使他们的越狱不被立即发现，在一个长时期里，他们两人不再回答看守的问话和点名。看守们不久习以为常，便不再注意他们了。1853 年 4 月 5 日，布朗基和卡扎旺冒着倾盆大雨越狱。他们到了一口井边，沿着绳索滑到井水的水面，在这井里一直待到巡逻兵走过，然后，他们爬出水井，翻过围墙，摸索一整夜才穿过了小岛，最后，走得精疲力竭，才到了预定的地点一个渔夫的小屋，躲藏在阁楼上，一直等到天明。那个渔夫已经从布朗基和卡扎旺手中得到一笔巨款，答应把他们送到大陆去，但他出卖了他们，向监狱当局告发了他们的越狱逃跑。布朗基又被投入贝尔岛富凯监狱的地牢，不久，他被转到政治犯监狱，但是受到较前更为严密的监视。

1854 年秋，巴尔贝斯获释，监狱中两个对立党派之间的关系有了改善。1857 年，布朗基和三十一个难友一起被押送到科西嘉岛的科尔特，在这里，他们受到了当地人民的热烈欢迎。

布朗基被关在阴暗、潮湿的科西嘉监狱，直到 1859 年 4 月 2 日。后来，根据 1858 年颁布的所谓公共安全法，布朗基被送到非洲的麦斯卡拉。1859 年 8 月 16 日大赦之后，布朗基才获准重返巴黎。但在返回巴黎途中，他在土伦又一次被捕，有被流放到开云去的危险。后来，在他姐姐昂土瓦恩夫人的协助下，终于获得了释放，返回巴黎。在巴黎，他见到了他的儿子。这时候，他儿子已经二十四岁。布朗基在坐牢的岁月里，仅仅和他儿子见过五六次面。他儿子是一个鼠目寸光、精神空虚的人，和他父亲毫无相同之处。他对他父亲的了解如此不够，以致要他父亲抛弃政治斗争，和他一起过小市民的生活。在巴黎，布朗基又遇到另一件不愉快的事情：他得悉他保存在母亲那里的手稿——长年累月的劳动果实，已经按照他母亲1858年逝世时的遗嘱被烧毁了。这消息使布朗基极为伤心。

布朗基回到巴黎不久，又访问了伦敦。在这里住着许多避难的法国政治家，其中有布朗基的朋友拉康勃勒(Lacambre)和巴特尔米(Barthélemy)。回到巴黎以后，布朗基又从事革命活动，积极重建一个社团。他巧妙地躲开警察，但警察追踪不放，最后还是逮捕了他。1861年6月，他被控告参与组织一个秘密团体，而被判处四年徒刑。这一判决引起了广大革命人士的愤慨。马克思和恩格斯对布朗基有很高的评价，把他看做是“法国革命党”的代表，因此，他们在经济上帮助他的朋友德隆维耳(Denonville)出版一本揭露对布朗基进行卑鄙陷害的小册子。

布朗基又一次被关进圣彼拉奇监狱，早在1832年为十五人案件辩护和在1835年“家族社”案件后，他就在这里坐过牢。这个监狱曾经监禁过许许多多法国的政治家。在1793年就关过罗兰夫人和一些吉伦特党人；随后又有贝朗热(Béranger)，保罗·路易·库里埃(Paul-Louis Courier)、马拉斯特(Marrast)，歌德弗乐·卡芬雅克、陶米埃(Daumier)、拉梅耐(Lamennais)、费利克斯·皮阿特(Félix Pyat)，1848年的革命者们。

布朗基沉默寡言，不爱交际，对不相识的人存有戒心，然而他像一个磁极那样吸引了牢里的犯人，他们中间有些人成了他的朋友或者忠实的信徒。他那渊博的知识，坚强的性格，长期“被监禁”的命运，对革命事业的无比忠诚，和对议会共和党所采取的尖锐批评的态度，都使他的威信不断提高。

布朗基同居斯塔夫·特里东(Gustave Tridon)和医学院学生

维尔纳夫(Villeneuve)、克雷门梭(Clemenceau)等人的关系特别密切。在这里他也同阿尔杜尔·朗克(Arthur Ranc)很接近,正是这个朗克把自己的《浪漫主义密谋》一书献给了布朗基,有一个时期成了狂热的布朗基主义者。也就是在这圣彼拉奇监狱里,诞生了布朗基派。

1864年,布朗基患了病。人们把他送进耐格医院,放在一间单人病房,受着警察的监视。他的朋友们常常去探望他。就是在这里,他认识了沙利·龙格(Charles Longuet)①。

1865年初,布朗基参加了《诚实报》的出版工作,该报主编是布朗基的得意门生居斯塔夫·特里东。布朗基用苏珊美耳(Suzamel)(苏珊恩·阿美利是他妻子的名字)的假名在《诚实报》发表了几篇有关哲学和科学的文章。但是,该报只出版了八期,报社就被查封,领导人也被逮捕。

布朗基试图从医院里逃走。他重新在晚餐和点名时缺席,并且使得监视者对于这件事渐渐习惯。有一天,他装上淡色的假发,戴上宽边的帽子,混在他朋友卡扎旺、朗布兰(Lamblin)和勒夫劳(Levraud)兄弟中间,在看守他的警察面前走过,乘火车顺利地到达布鲁塞尔。

布朗基逃脱的第二天给巴黎报界写了一封公开信;信里说,被

---

① 沙利·龙格是法国新闻记者,工人运动的参加者。六十年代中,他在巴黎出版了一些反政府的报纸,如《学派报》、《左岸报》等。这两种报纸都被查封。龙格流亡到了比利时,继续出版《左岸报》。1866年1月,龙格被选进第一国际总委员会,代表法国参加洛桑、布鲁塞尔和海牙会议。积极参加巴黎公社。在巴黎公社遭到镇压后逃到伦敦,到1880年才回国,并接近激进分子,同克雷门梭合办《正义报》。他曾把马克思的著作《法兰西内战》译成法文。他是马克思的女婿。

判处四年监禁却坐了四年零六个月的牢,“责任迫使他谢绝这一百天追加的赠礼”。他因为害怕在监禁期满后被送往开云监狱,因而不得不逃跑。

在布鲁塞尔,他住在他朋友瓦托博士(Dr. Watteau)家里。在这里他认识了许多人,又见到他的朋友沙利·龙格,龙格这时在布鲁塞尔编辑《左岸报》。1865 年在列日召开的国际学生代表大会[①]上,布朗基遇见了特里东,认识了保罗·拉法格(Paul Lafargue)[②]和格朗日(Granger),格朗日后来成了布朗基最亲密的朋友。在这几年里,布朗基写了许多文章。他在六十年代末所写的一些研究政治经济学、哲学和社会主义问题的文章,在他死后编成两卷出版,书名叫做《社会批判》。

在这时期,布朗基继续同他巴黎的朋友们通信。就在这个时期,在法国成立了布朗基战斗队,队员都是经过严格挑选的。到 1870 年,战斗队的人数达到二千五百人。布朗基经常秘密来到巴黎待一个短时期。后来,当组织活动大发展时,布朗基有时还在巴黎住上几个月。

1867—1868 年,布朗基写了《有关武装起义的指示》,详细阐

① 国际学生代表大会(1865 年 10 月 29 日到 11 月 1 日)在列日召开。巴黎代表们回去后就被学院理事会叫去询问,受到了各种不同的纪律处分。1865 年 12 月底,在大学里引起了巨大的骚动。各学院的课程都暂时停止了。

② 保罗·拉法格(1842—1911 年),法国社会主义者、哲学家和政论家。年轻时代信仰蒲鲁东的思想,后来信仰布朗基的思想。1865 年同马克思认识后,成了马克思主义者,后来终身广泛宣传马克思的思想。他同盖德一起建立了法国社会党,拉法格写了许多批判资本主义社会的杰出的文章。拉法格的理论著作中最有名的有《马克思的经济决定论》、《语言和革命》。拉法格是马克思的女婿。——译者

述了革命和巴黎专政建立后应该采取的措施，说明了他的斗争计划，指出应该在哪些街道上修筑街垒，提供了告人民书和告军队书的典范，等等。布朗基的朋友催促他转入反对帝国的公开斗争，他们认为全国总形势和人民对现政府的普遍不满情绪有利于起义。但是，布朗基由于害怕再度失败而采取慎重的态度。在为被波拿巴家族的一个成员杀死了的那个年轻记者维克托·努瓦(Victor Noir)举行葬礼的那天，布朗基还试图举行起义。但是这次尝试没有成功；尽管议院和人民中的情绪慷慨激昂，但广大群众和军队之间并没有发生冲突。

1870 年普法战争时期，法国军队一开始就节节失利，引起人民群众对帝国的极大愤慨。人民聚集在协和广场上公开表示愤慨不满。布朗基派认为，此刻可以轻而易举地推翻帝国，于是急忙把布朗基从布鲁塞尔叫来。布朗基在 8 月 12 日抵达巴黎。预定 14 日在工人区中心拉维莱特大街举行起义，他们打算占领拉维莱特大街的消防队兵营，夺取武器，然后宣布成立共和国。但这次起义又遭到失败。大部分起义的倡导者被捕，有些人被判处死刑但是没有执行。9 月 2 日拿破仑三世在色当投降以后，帝国就垮台了。9 月 4 日法兰西共和国宣告成立，由阿拉戈(Arago)、克莱米约(Cré-mieux)、法弗尔(Favre)、甘必大(Gambetta)、加尔涅-帕热斯(Garnier-Pagès)、洛许福(Rochefort)、儒尔·西蒙(Jules Simon)和特罗胥(Trochu)将军等人组成的国防政府在巴黎成立。

在 9 月 4 日革命后不久，布朗基建立了俱乐部，并出版了《祖国在危急中报》。在 9 月 7 日该报第一期上，布朗基号召人民群众支持政府；在共同敌人面前应该消除一切分歧。他不懂得资产阶级政府由于它的反革命本质是不可能保卫祖国的,是不会按照民族利益行事而只会按照阶级利益行事的。

布朗基办报最亲密的合作者特里东、勒夫劳兄弟、雷格那(Regnard)、格朗日和魏莱(Verlet)也同样号召人民联合起来保卫祖国。报纸从9月7日到12月9日一共出版了八十九期,每一期布朗基都发表了文章、号召或声明,指出应该如何保卫巴黎,以及为了保卫巴黎必须采取哪些措施。这些建议显示了布朗基的高度智慧,他的高瞻远瞩和丰富的军事知识。

每天晚上,布朗基在俱乐部里揭露政府的错误和罪恶,并指出应采取措施来建立一支国民军。

9月,在一次国民自卫军集会上,布朗基发表了演说,之后被选为第一百六十九营的司令。但他担任这一职务的时间并不长,因为特罗胥将军在10月19日解散了这个营。布朗基在一期《祖国在危急中报》中写道:“国防工作的第一个行动应该是撤换那些使国防瘫痪的人。”国防政府和领导巴黎武装力量的特罗胥将军在法国人民面前暴露了他们民族叛徒的真面目。10月31日,当麦茨投降的消息传到巴黎时,人民群众表示极大愤慨。麦茨的投降使巴黎受到威胁;必须不惜任何代价来保卫首都。10月31日,人民群众和国民自卫军的各营占领了市政厅,并准备在逮捕政府阁员之后,组织临时委员会来负责保障公共安全和确定市政选举。布朗基和他的拥护者领导了10月31日运动,布朗基被提名为新政府的候选人。但是,10月31日运动和以前历次运动一样遭到了失败,国防政府把持了政权,但保证不追究起义的参加者。布朗基仍旧留在巴黎。在他继续发行的报纸中,他号召全体武装公民保卫巴黎，谴责政府不采取行动：

合法的权力属于坚持抵抗的人，今天的选票就是子弹。

布朗基和他的伙伴在1871年2月22日为推翻国防政府而举行的示威游行中起了积极作用。但是巴黎无产阶级这次的示威游行也和其他示威游行一样，因为缺乏充分的准备而遭到失败。

甚至在巴黎投降和1月28日签订停战协定之后，布朗基还希望法国能得到挽救。1871年2月8日将进行国民议会的选举。在各俱乐部、委员会和报纸编辑部所提出的四十三个候选人名单中没有布朗基的名字。然而布朗基在选举中还得到了五万二千八百三十九票。选举结束之后，他决定去波尔多。2月12日布朗基离开巴黎时，发表了一篇公告，题为《最后一言》。在公告中，他概述了他在《祖国在危急中报》中所阐述的一切论点。他谈到巴黎被围时政府应该采取的行动，保卫巴黎本来应该采取的措施，谈到必须把首都一百万妇女和儿童疏散到外省，从外省调集同样数目有作战能力的青年到巴黎来，谈到巴黎的给养问题，谈到征发外省军火库中的武器供巴黎使用，等等。《最后一言》结束时控诉了政府的叛卖行径。

为了摆脱巴黎的事件，得到短时间的休息，布朗基从波尔多到了路里埃（洛特省）他侄女家。但他休息不久，就病倒了。就在这时，3月9日，他因参加10月31日的起义而受到审判。政府背弃了不追究起义倡导人的诺言。根据司法部的决定，布朗基于3月17日在路里埃被捕，尽管他病情严重，3月18日还是被送进了斐热克医院。就在这同一天，巴黎的工人阶级夺取了政权，宣告成立巴黎公社。当公社的刽子手梯也尔听到捉住布朗基的消息时高声喊道："我们终于抓到了这个大坏蛋。"

3月20日，布朗基被转移到卡奥尔监狱，同普通刑事犯关在一起，直至后来又把他送进隔离狱室。

3月26日，巴黎两个区选举布朗基为巴黎公社委员[①]，同时当选的布朗基主义者有特里东、厄德斯(Eudes)、夫路朗(Flourens)、埃杜华·瓦扬(Edouard Vaillant)、里果特(Rigault)等人，他们都在3月18日革命中起了积极作用。

在公社的第一次会议上，布朗基被选为名誉主席。布朗基的朋友们想向梯也尔政府建议，公社以达尔布瓦(Darboy)总主教等某些人质交换布朗基。总主教的一个心腹和梯也尔进行一个多月的谈判，但毫无结果。甚至用七十四个人质作为交换，梯也尔也不愿意释放布朗基，他说："把布朗基交给叛乱分子，就等于给他们输送一个团。"

谈判失败之后，公社拨了五万法郎以便帮助布朗基逃出卡奥尔监狱。这项任务交给了布朗基的密友格朗日，但他没有能够完成任务。

5月22日，布朗基被送往位于莫尔来海湾的托罗监狱，他晚了两天，才到达那里。那时，布朗基已经六十六岁，他的健康受到了损害，而托罗监狱的制度又十分苛刻。布朗基的牢房在地下室，寒冷、阴暗和潮湿。这里的防范也非常严密。卫队长奉命发现布

① 在第十八区和第二十区当选。

朗基稍有逃跑的企图就向他开枪;布朗基散步时总有武装卫兵跟着;船只不准靠岸,等等。另外,监狱里不断发出的嘈杂声,妨碍布朗基的工作和休息,饮食也十分恶劣。在他自己只有一人时,布朗基常常陷于沉思。散步时,他观察天空、海洋,注视行星的运动。他那观察的结果在《星体永恒论》和有关黄道光成因的报告中重新出现,这个报告后来于 1872 年 1 月 8 日在科学院宣读,并且在 1 月 27 日《法兰西共和国报》上发表。同一年,《星体永恒论》的单行本也在巴黎出版。

1871 年 11 月 12 日,布朗基突然被移送到凡尔赛监狱。被拘留了差不多一年之后,到 1872 年 2 月 15 日和 16 日,凡尔赛第四军事法庭才对他的案件进行审判。罪名是他参加 10 月 31 日事件和其他几次运动,以及对巴黎公社应负"道义"上的责任。那时布朗基六十七岁,已经是一个满头白发、脸色苍白、形容憔悴的老人。但是,任何一个监狱都不能从精神上摧毁他。他在法庭上驳斥了一切控告的论据,并在最后骄傲地宣告:

> 我在这里受审并不是为了 10 月 31 日事件。这事件只是我的罪过中的最小的一个。我在这里代表的是共和国,被君主政体拖到你们法庭上来受审。政府委员先生先后审判了 1789 年革命、1830 年革命、1848 年革命以及 9 月 4 日的革命。正像他所说的那样,这是用君主政体的思想,用和新的法权对立的旧的法权名义来审判我,而我身在共和国,却要被判罪。

布朗基被认定有罪，判处流放，并褫夺公民权利。最高法院撤销了这一判决，但是 4 月 29 日，第六军事法庭又将布朗基判了刑。有人打算把布朗基放逐到公社社员流放的地方新喀里多尼亚岛去，但医务委员会认为他受不住长途跋涉。这个终身罪犯就被押到克莱尔沃中心监狱（奥布省）。

克莱尔沃原来是一座古老的修道院，1789 年改成了监狱。布朗基到这里时，发现已经在这里关着一百四十名政治犯，他们都是因为参加巴黎公社而被判罪的。布朗基被关在一个长二米、宽一米五、只有一条狭窄窗缝的单人牢房里；他同其他犯人隔离了，很少允许他接见亲属的探望。在克莱尔沃潮湿的牢房里，布朗基的健康彻底地受到了损害；长年累月，他病在床上不能起来。后来，给了他一间宽一点的牢房，但仍然使他处在以前一样的隔离状态中。他写信给他姐姐说，在这间牢房里他感到像被"活埋了"一样。

1878 年 1 月，社会主义的《平等报》发动了一个要求释放布朗基的运动。人们提他为议会选举的候选人。1879 年 4 月的第二轮选举的结果，他以六千八百零一票对五千三百三十票击败了资产阶级共和党候选人甘必大的朋友拉凡屠容（Lavertujon），当选为波尔多的议员。但下议院宣布布朗基当选无效。然而，要求释放和选举这个"狱中人"的积极活动，终于迫使政府于 1879 年 6 月特赦了布朗基。

布朗基在克莱尔沃监狱被监禁了八年零三个月。这是他一生中所坐的最后一个监狱。他一共被监禁了三十七年。他出狱的第二天，已经七十四岁了。在他七十六岁的姐姐陪同下，他回到了巴黎。布朗基于 6 月 25 日动身去向波尔多选民表示感谢和以竞选者的身份在他们面前出现。布朗基受到波尔多市民的热烈欢迎。但在竞选时，他的敌人搬出了《塔色罗》文件，虽然文件里并没有任何证据说明他有罪，他还是比他的竞选者少得了一百五十八票。

但这次挫折并没有使他灰心失望。他采取走遍全法国的办法，在许多工人集会上发表演说，受到工人群众的热烈欢迎，在波尔多、马赛、土伦、里昂、尼斯等地，人们还为他举行宴会。

1880 年夏天，布朗基又被提名为里昂的候选人，但他没有得到多数票。6 月，他恢复了公民权。11 月初，他作为共和国委员会代表团的成员去意大利出席纪念加里波的(Garibaldi)庆祝活动。

11 月底，布朗基和他的朋友格朗日、厄德斯、瓦扬与其他一些人创办了《既非上帝又非主人》日报，由布朗基担任主编。由于缺乏资金，自第二十五期起被迫由日报改为周刊。在这同时，他还写了一本小册子，题为《被奴役和受压迫的大军》(*Armée esclave et opprimée*)。11 月 21 日，在格朗日的陪同下，他向里尔六千名群众发表了演说，受到了热烈的欢呼。

一直到逝世时为止，布朗基似乎是为了弥补他在监狱里丧失的时间，在巴黎工人集会上作了多次的演讲。1880 年 12 月 27 日，他出席了在勒古尔帕街拉卡西礼堂召开的工人集会，作了拥护红旗反对三色旗的最后一次演讲。布朗基午夜一点钟回到家里，突然得了中风，跌倒在地。1881 年 1 月 1 日，经过五天与病魔斗争之后，不幸与世长辞，享年七十六岁。

1 月 5 日举行了葬礼。布朗基逝世的噩耗震动了所有的法国革命者。送葬的人数将近二十万。全法国的进步组织都派遣代表携带花圈纷纷来到巴黎。

布朗基的遗体葬在拉雪兹神父公墓。1885 年 8 月 9 日,巴黎工人在布朗基墓前修建了一座纪念碑,上面有儒尔·达路(Jules Dalou)大师精心雕刻的布朗基铜像。

图书在版编目(CIP)数据

布朗基文选/(法)奥古斯特·布朗基著;皇甫庆莲译.
—北京:商务印书馆,2017
(汉译世界学术名著丛书:120年纪念版:珍藏本)
ISBN 978-7-100-14465-0

Ⅰ.①布… Ⅱ.①奥… ②皇… Ⅲ.①布朗基(Blanqui, Louis Auguste)—文集 Ⅳ.①D091.6-53

中国版本图书馆CIP数据核字(2017)第154805号

汉译世界学术名著丛书
(120年纪念版·珍藏本)
布朗基文选
皇甫庆莲 译
许渊冲 校

商务印书馆出版
(北京王府井大街36号 邮政编码100710)
商务印书馆发行
北京新华印刷有限公司印刷
ISBN 978-7-100-14465-0

2017年12月第1版 开本 710×1000 1/16
2017年12月北京第1次印刷 印张 13¼ 插页 1
定价:66.00元